财务共享服务中心建设及其管理研究

谭庆 著

延吉·延边大学出版社

图书在版编目（CIP）数据

财务共享服务中心建设及其管理研究 / 谭庆著. --
延吉：延边大学出版社，2024.5
　　ISBN 978-7-230-06585-6

　　Ⅰ．①财… Ⅱ．①谭… Ⅲ．①企业集团－财务管理－
研究－中国 Ⅳ．①F279.244

中国国家版本馆CIP数据核字(2024)第102102号

财务共享服务中心建设及其管理研究

著　　者：谭　庆
责任编辑：朱秋梅
封面设计：文合文化
出版发行：延边大学出版社
社　　址：吉林省延吉市公园路977号　　邮　　编：133002
网　　址：http://www.ydcbs.com
E-mail：ydcbs@ydcbs.com
电　　话：0433-2732435　　　　　　　　传　　真：0433-2732434
发行电话：0433-2733056
印　　刷：廊坊市广阳区九洲印刷厂
开　　本：787 mm×1092 mm　1/16
印　　张：9.5　　　　　　　　　　　　　字　　数：200千字
版　　次：2024年5月　第1版
印　　次：2024年5月　第1次印刷
ISBN 978-7-230-06585-6

定　　价：78.00元

前　言

随着我国经济的高速发展，全球化进程的加速推进，我国大型企业在国内外经济中都占有举足轻重的地位。大型企业作为有着共同经营发展战略目标的多级法人结构的经济联合体，具有规模巨大、成员构成复杂、组织结构多样等特点。为了适应经济环境变化、提升企业的核心竞争力、降低企业管理成本、加强财务管控能力、强化内部控制效率，我国众多大型企业开始构建财务共享服务中心。

财务共享服务中心是一种创新的财务组织模式，需要建立完善的运营管理体系，确保业务的规范执行，保持组织的健康活力。目前来看，财务共享服务中心建设是我国企业加强企业集团管控能力的重要手段之一，而不是单纯的降低成本。企业集团可以采用人员管控、全面预算和资金集中管理等手段加强对下属分子公司的管控，加强集团整体风险管理水平，而财务共享服务中心建设与这些管控手段相辅相成。甚至可以说，如果没有财务共享服务中心作为基础，其他管控手段实施的效果也将大打折扣。财务共享服务中心建设通过掌握基层会计信息来掌握集团整体运作状况，而并非把基层事权集中起来，因而不会干涉下属分子公司的基本经营。当然，财务共享服务中心建设作为集团管控的手段，会影响部分人的利益，也会改变很多人的工作习惯，因此会遭受一定程度的企业内部力量的抵制。但只要根据本企业集团的实际情况切实推行，利大于弊的效果还是非常明显的。

我国在经济转型时期呼吁财务共享服务中心建设等集约型管理手段的大力推行。目前，我国企业集团普遍已从依靠"跑马圈地式"发展的初创期走向"拼成本"的成熟期。财务共享服务中心通过将大量分子公司的会计运营工作集中到一个或多个机构中，实行会计处理的规模化"生产"，可以大幅度降低运作成本。虽然建设财务共享服务中心需要购买服务器以及各种软件，投入成本可能比较大，但大部分企业集团在财务共享服务中心建设方面的投入能够在很短时间内收回。

财务共享服务中心可以为战略、经营决策提供重要的信息和分析，以支持更能为公司创造价值的管理会计活动。通过建立财务共享服务中心，企业可以提升会计核算处理的效率，降低成本，释放大量的财务会计人员，让他们从大量低附加值、重复、劳动密集型的基础核算工作中解脱出来，可以集中精力去从事所谓的业务型财务和战略型财务，从而实现财务与业务、战略的一体化，让管理会计真正落地实施，实现财务为企业增加价值的目标。集团公司能够随时获取各分子公司的财务经营结果，并基于财务共享服务中心产生的数据进行财务分析。财务共享服务能够实现企业内部信息的快速传输和有效交流，使企业财务流程和业务流程紧密联系起来，运转更为顺畅。

本书主要围绕财务共享服务中心建设及其管理展开研究，首先阐述了财务共享服务中心的基本理论和发展历程，然后探究了财务共享服务中心的建设规划和发展方向，最后分析了财务共享服务中心的质量管理、绩效管理和风险管理等，对财务共享服务中心的管理实践提出了建议，旨在为财务共享服务中心的建设者和管理者提供工作思路，以优化业务流程，提高工作效率。

本书不仅把国内成功实施财务共享服务中心的案例纳入其中，还深入分析了典型案例的实施经验，并结合新生管理手段展望未来财务共享服务中心的发展趋势，分析在建设和运行财务共享服务中心过程中存在的问题和应对策略。

本书适合的读者对象为企业高管、咨询公司顾问、高校或专业培训机构学员、教研人员，以及想学习财务共享服务中心常识和技能的自学者。

笔者在撰写本书的过程中，借鉴了许多专家和学者的研究成果，在此表示由衷的感谢。由于笔者水平有限，书中疏漏之处在所难免，望广大读者批评指正。

目　录

第一章　财务共享服务中心概述 1
第一节　财务共享服务中心的基本理论 1
第二节　财务共享服务中心的发展历程 5
第三节　新技术驱动下的财务共享服务中心 8
第四节　财务共享服务中心建设的主要驱动因素 11

第二章　财务共享服务中心建设规划 17
第一节　财务共享服务中心的战略定位 17
第二节　财务共享服务中心的业务范围 22
第三节　财务共享服务中心的组织与人员 35
第四节　财务共享服务中心的办公选址 43

第三章　财务共享服务中心建设的信息化支撑 46
第一节　信息技术助力财务共享服务中心建设 46
第二节　财务共享系统总体框架 70
第三节　财务共享系统的五大平台 74

第四章　财务共享服务中心的发展 83
第一节　财务共享服务中心的发展趋势 83
第二节　迈入新财务时代需要人才转型 92
第三节　财务共享服务中心教育与认证体系 96

第五章　财务共享服务中心制度管理 101
第一节　财务共享服务中心制度管理的必要性 101
第二节　财务共享服务中心制度管理存在的问题 103

  第三节　财务共享服务中心制度管理问题的解决措施 …………… 107

第六章　财务共享服务中心质量管理 …………………………………… 113
  第一节　财务共享服务中心质量管理的必要性 …………………… 113
  第二节　财务共享服务中心质量管理存在的问题 ………………… 115
  第三节　财务共享服务中心质量管理问题的解决措施 …………… 117

第七章　财务共享服务中心绩效管理 …………………………………… 122
  第一节　构建绩效管理的框架模型及流程 ………………………… 122
  第二节　财务共享服务中心绩效管理存在的问题 ………………… 128
  第三节　财务共享过程中加强绩效管理的相关建议 ……………… 131

第八章　财务共享服务中心风险管理 …………………………………… 136
  第一节　财务共享服务中心建立风险管理的必要性 ……………… 136
  第二节　财务共享服务中心建成后面临的风险类型 ……………… 137
  第三节　财务共享服务中心风险控制对策 ………………………… 140

参考文献 …………………………………………………………………… 144

第一章 财务共享服务中心概述

第一节 财务共享服务中心的基本理论

一、财务共享服务中心的概念及发展进程

（一）财务共享服务中心的概念

财务共享服务中心作为全新的财务管理模式，是依托电子信息技术，将不同的会计主体集中在一个共享系统内进行记账和报告，达到强化集团管控、优化业务流程、提高工作效率的目的的综合管理工具。财务共享服务中心通常包括总账报表、报销业务、资金结算、税务发票、会计档案管理等若干配套子系统，能够对分公司、子公司的财务状况和经营成果进行实时报告和监控。财务共享服务中心是企业实现财务管理创新和价值提升的有力工具和重要手段。

（二）财务共享服务中心的发展进程

20世纪80年代初，美国的福特公司创建了全球第一家财务共享服务中心。近些年来，越来越多的企业开始通过财务共享服务中心提升财务管理水平和效率。2013年，中华人民共和国财政部印发的《企业会计信息化工作规范》第三十四条明确指出："分公司、子公司数量多、分布广的大型企业、企业集团应当探索利用信息技术促进会计工作的集中，逐步建立财务共享服务中心。"财务共享服务中心在我国不仅得到了政府的大力支持，成为企业财务转型发展的重要手段，还得到了企业的高度认同，实施财务共享服务中心管理的企业已经取得了显著成效，管理效益也得到了明显的提升。

二、财务共享服务中心建设的策略和步骤

为确保财务共享服务中心建成后充分发挥其作用，在建设过程中应遵循以下策略和方法步骤：

（一）搭建科学安全的信息化技术处理平台

财务共享范围内的所属企业要建立统一的 ERP（Enterprise Resource Planning，企业资源计划）系统，以支持大量原始数据的录入、查询和汇总，使企业的财务、物资、人事和信息等资源能够全面融合。企业要在财务共享系统中固化会计科目和会计政策等信息，建设包含预算管理系统、财务报表系统和影像系统（图片、影像共享等）的综合管理平台，实现无纸化办公，为财务共享服务中心的建设提供技术保障。

（二）优化、固化业务流程

利用信息技术优化业务流程，对原有的组织架构进行变革，对财务、物资、人事和信息等业务单元进行重新整合，取消不能增值的业务环节，优化业务处理流程和操作规范，提升财务工作质量，降低企业运营成本，达到共享目的。业务流程制定后，需要将其固化到财务信息系统中，各级组织根据统一的业务审批程序和核算标准推进工作，确保会计数据的完整性。

（三）完善财务管理体系

企业要借助财务共享服务中心建立包括网上报销模块、票据影像模块、过程绩效测评模块和综合管理模块的财务管理体系，确保集团的各项战略部署和财务管理指令能够快速、直接地传递至所有最末端的业务单位，确保财务共享服务中心能够高效运转。

（四）配齐配强人员

重新定位财务人员和业务人员，合理配备人员，做好岗前培训和分类管理工作。定期进行轮岗交流，避免员工产生懈怠、消极的工作情绪；建立储备人才库，关注中高级财务人员的培养工作，为企业培养高层管理人才。

三、财务共享服务中心的实施意义

（一）节约人力资源成本

财务共享服务中心对分公司的财务业务进行整合处理，可以减少甚至取消许多分公司的财务岗位，减少分公司财务业务方面的人员数量，从而减轻分公司的成本负担。

（二）提高公司的财务管理效率

财务共享服务中心将大量财务工作集中处理，有利于利用先进的技术进行专业化的分工，规范每一步的核算管理流程，实现财务操作的流程化、标准化，提高财务管理工作的效率。同时，分公司不再承担日常重复的财会工作，减少了分公司的工作量，降低了财务管理成本，有利于其将主要精力投入到拓展市场业务的工作中，从而提高分公司的经营效率，更好更快地帮助总公司实现占领市场份额的目标。

（三）提高财务数据的准确性与可靠性

财务共享服务中心的工作要按照专业化的操作流程进行，高度的信息化可以避免许多主观的判断与处理，降低人为因素导致数据遗漏或错误的概率，同时也能降低人为更改、操纵财务记录的可能性，确保财务信息具有较高的准确性和可靠性。

（四）有助于控制经营风险

财务共享服务中心通过集中处理分支机构的财务数据，同步地掌握财会信息，可以在分公司采取行动执行有关目标的过程中及时获得真实的信息反馈，以供总公司的控制者及时发现问题、采取措施，有利于降低公司整体的运营风险。同时，财务共享服务中心负责的管理信息系统将有效地增加分公司财务管理的透明度，强化总部对分公司的管控力度。

（五）提高企业的核心竞争力

财务共享服务中心探索出了符合现代企业制度要求的财务管理模式，细化和丰富了核算内容，使会计核算和现金管理标准化、信息化，有利于实现数据资源的整合，也有利于加强预算执行管理、成本控制和财务安全，实现预算、核算、结算的高度集成，提高企业的核心竞争力。

四、财务共享服务中心在实施中存在的问题

（一）信息化技术水平较低

部分企业信息化技术水平较低，没有建立相关的信息技术辅助管理平台，共享效率低，作用得不到完全发挥，甚至造成财务共享服务中心无法正常开展工作。企业应配备先进的 IT（Internet Technology，互联网技术）硬件设备和软件系统，配齐信息技术人员，确保信息畅通、数据共享。

（二）财务管理与会计核算相分离

建立财务共享服务中心后，收款、开票、往来对账、日常报销等业务在电脑终端就可完成，不需要到财务部门现场办理。企业财务人员不再与业务人员直接接触，不再关注数据背后的业务实质，造成企业的财务现场管理职能弱化。同时，由于下属分公司、子公司不再配备会计核算岗位，一定程度上会弱化企业财务管理职能。

（三）缺少专职财务人员

在传统的会计核算模式下，财务人员充分参与企业的各项经营管理活动，能够发挥会计监督作用。实施财务共享后，专职会计人员被调离分公司、子公司，统一在一个特定的地点通过特定的平台进行财务会计工作，长此以往会造成财务人员远离业务，财务人员与业务人员相隔离，导致企业信息沟通不顺畅、信息掌握不对称。

第二节 财务共享服务中心的发展历程

一、财务共享服务中心的起源

20世纪末,伴随着信息技术的迅猛发展、经济全球化概念的深入,企业扩张的浪潮又一次被掀起。为应对全球化的扩张和外部环境持续不断的变化,企业集团不断做大做强。然而,很多企业难以应对这一阶段的挑战,患上了"大企业病"。在财务方面的病症主要体现为财务管理成本持续升高、财务信息质量差、财务工作效率低下、决策缓慢、管理职能无法满足市场需求等,失败的危机深深地潜伏在企业中,严重阻碍企业的发展。为了应对该危机,企业采取了一系列的措施,如优化流程、提高质量和效率、降低成本等。这时候,有些规模大的企业开始重点转向财务管理的转型和流程的优化再造。理论得以充实,实践得以运用,二者完美结合后,财务共享服务中心应运而生。福特汽车公司、美国通用电气公司、杜邦公司、国际商业机器公司等大型企业率先建立了自己的财务共享服务中心,财务会计领域是应用共享服务最早的领域,共享服务的实施使得企业在发展壮大过程中的管理危机得到有效缓解。

我国的财务共享服务中心虽然起步较晚,但是发展得非常迅速。20世纪末,一些大型跨国企业在我国建立了财务共享服务中心,不仅为我国企业了解财务共享服务带来了便利,而且为我国企业提供了实践的机会和成功的经验。对外贸易飞速增长、资源需求越来越大,对于那些业务复杂、规模宏大的企业来说,它们逐渐意识到需要一种新的管理模式和商业模式来应对这些变化。这一时期,海尔集团勇于创新,率先打破传统的组织结构,将财务和业务分离,优化组织结构,化小流程为大流程,直接与市场链接,实现采购、营销和财管相统一的目标。该举措为我国财务共享服务中心的建设提供了借鉴。

二、财务共享服务中心在我国的发展现状

（一）财务共享服务中心的建立情况

加强集团管控是国内财务共享服务中心建设的首要驱动因素。通过转变模式，更好地支持企业管理，提高集团化管理水平是企业建设财务共享服务中心考虑较多的层面。借助外部经验能够推动企业的财务共享服务中心更快更好地建设。借助外部力量可以缓解内部由于改革创新带来的矛盾和冲突，有利于借助其他企业的成功经验在较短的时间内建设本企业的财务共享服务中心。

（二）财务共享服务中心的运营管理情况

1. 实施策略

大部分的企业根据财务共享服务的标准化、统一化特点，采取了根据业务职能进行内部架构设置的模式，不分地域、不分客户。选择此种模式的企业，财务共享的标准化、规范化、统一化做得较为彻底，规模效应更明显。由此可知，基于业务职能进行内部架构设置的模式优于按区域、按客户设置的模式。其成功建设的主要因素包括流程再造、管理层的支持、信息技术的支持等。另外，流程再造、财务人员转型、组织定位是三大主要阻力。

2. 人员管理

集团总部的人事部门承担的多是财务共享服务中心的员工招聘、培训等工作。人员管理中缺乏应有的制度，而且财务共享服务中心的员工发展通道较狭窄，晋升机制不足，导致人员流失。

3. 运营标准

据调查，财务共享服务中心非常重视客户满意度。从财务共享服务中心的定位看，仅进行服务管控的少，更多的是兼顾服务及服务管控。效率、质量、客户满意度是评价财务共享服务中心运营的关键指标。企业更注重财务共享服务中心的运营水平，即向企业提供服务的效率和质量。月度绩效考核能够保证财务共享服务中心平稳运行，这说明企业对财务共享的绩效水平的关注度是非常高的。

(三) 财务共享服务中心的技术应用

总的来说，财务共享服务中心业务模块均已实现信息化。下一步应该考虑的问题是如何提高财务共享服务中心的信息化程度。

在新技术的应用方面，基于系统接口的自动化技术是财务共享服务中心的关注重点。自主创新、成熟应用是财务共享服务中心对新技术的要求。

财务共享服务模式是实现财务主要数据治理、保证数据可靠的有效手段。财务共享在处理基础会计核算业务的同时，能够通过财务数据的整合和提取，为企业提供业务经营支持和财务决策支持。在财务共享服务中心中应用互联网，可以提高服务效率，但互联网的应用还局限于审批商旅报销等基础层，功能上有待提高。

将大数据直接应用于财务预测、成本绩效分析等领域，可以推动财务数据完整性和真实性的实现。

（四）财务共享服务中心的运行效果

强化总部管控力度、提高工作效率是财务共享服务中心建立后的显著效果。国内财务共享已经进入迅速发展阶段，达到了管理规范统一、强化总部管控能力、优化流程、提高工作效率的目的。释放财务资源，使更多财务资源投入到公司战略支持。

财务共享服务能有效推进企业管理会计、司库建设的发展。目前，我国企业财务共享服务中心更多的是在完成基础性的会计核算和资金收付业务，如何通过核算信息进行决策是未来在财务共享基础上需要探索的事项。财务共享服务集中了企业的全部会计业务，必定会带来风险集中。因此，后续研究中需加强对集中风险的有效管理。如何从资金的收付、账户管理等职能中梳理出资金风险管理、流动性管理，是资金管理方面永恒的课题。

三、财务共享服务中心发展的瓶颈

财务共享服务是一种管理模式的创新，很多企业都期盼通过财务共享服务中心的构建加强管控、规范业务流程、整合财务资源、强化战略支持、降低成本、提高效率，进而推动企业转型。但是，不少企业建立了财务共享服务中心后，并没有获得预期的收益，甚至相差甚远，这是因为他们的财务共享只是将简单的操作集中在一起，或者让财务人员集中办公，仍然通过手工的方式完成业务的处理，而不是由系统自动化完成，这只能称为简单的"人工共享"，并不是真正意义上的财务共享。"互联网+"时代的到来，使得商业模式发生改变，对企业后台支撑管理有三点要求：组织扁平化、流程简化、数据立体化。然而，这三点要求在当前的财务共享管理模式下很难实现，这是因为企业财税没有实现深度一体化融合。

第三节 新技术驱动下的财务共享服务中心

一、组织架构的设置

由于财务共享服务中心将企业财务部门的各项职能整合在一起，因此企业组织及财务部门的职能都发生了变化：企业将精力集中在总体经营战略及发展规划的制定、内部财务政策及财务执行准则的制定上，企业管理层为各分公司、子公司及分支机构设定具有针对性的发展目标和规划，统一配置企业资源；各分公司、子公司及分支机构将精力集中在自身发展上，在企业制定的各项财务政策和财务执行标准下处理自己的财务问题；财务共享服务中心将精力集中在为企业、各分公司、子公司及分支机构提供专业的财务服务上。在这种背景下，建立财务共享服务中心时就必须对企业原有的财务组织架构进行全面调整。下面介绍一种共享的组织架构，主要包括四部分：

（一）账务报送及核算中心

企业会根据各分公司、子公司及分支机构的具体情况，设立账务报送及核算中心。一般情况下，账务报送及核算中心由各分公司、子公司及分支机构组成，它们分别作为账务核算和报送的基点。中心系统对企业内部的基本的财务业务及基本的财务单据进行自动审核；如果审核通过，再由财务人员针对较为重要的事项和细节进行二次审核；二次审核通过后，系统会自动生成凭证，并根据财务制度的要求进行报送。

（二）资金结算点

资金结算点要对企业账户进行管理，保证该账户的信息安全，防止账户信息泄露。另外，各分公司、子公司及分支机构的出纳人员要同财务共享服务中心资金结算点的工作人员保持联系，确保资金的申请、划拨工作能够高效无误地完成。

（三）预算管理中心

预算管理中心负责整个企业的预算编制、执行及监督管理。由于财务共享服务中心具备高效的信息化平台，能够第一时间传递各种财务账务数据，因此预算管理中心也能对各分公司、子公司及分支机构的预算执行情况进行实时的监督和管理，确保按照之前制订的预算计划保质保量地完成工作。

（四）数据处理及维护中心

财务共享服务需要再造财务会计流程，重新制定业务流程的准则和指标，但此过程会有大量的账户信息和财务信息被输入中心系统中。如果出现异常情况导致系统暂停业务流程时，就需要信息技术人员及时处理。

二、财务会计流程的再造

企业要构建财务共享服务中心，应该先创设统一的信息平台，将所有的分公司、子公司及分支机构的财务数据信息整合到统一共享的平台上。在此基础上，所有财务数据都将实现会计科目统一及核算流程的优化。在财务共享服务中心运行基础之上，根据企业内部相关的内控标准及程序，形成具有一致性、规范化程度高的会计科目表，对新建立的信息化财务会计系统的整个核算流程进行有针对性的分析和整理，其主要工作是对企业整个账务流程的标准和账务流程的可行性进行优化，使企业新的信息化财务会计系统得以顺利运行。

以应付账款为例，构建财务共享服务中心后的流程是：在企业根据市场需求和生产需求制订好生产计划之后，要在财务共享服务中心提交相关的采购计划申请，采购部门再生成相关计划并将订单保存在数据库中，通过电子邮件将订单发给供货商；供货商发出货品，仓库查验货物后，要在系统中提交查验结果，如果合格，就确认收货；财务共享服务中心对收货单、订单及发票进行校验核对，只有三份单据齐全，才能通过网络银行发出货款；财务共享服务中心的相关工作人员需要将此次采购的具体信息输入账务系统中，在确认无误并审核通过后，将款项通过网络银行发出，账务系统同时生成相关的账务处理记录。

三、信息化系统的创设

（一）评估现阶段信息化系统的实施情况

根据运行中逐渐暴露的问题，识别系统中有哪些功能需要提高或者缺失哪些功能，逐步完善系统。对于操作风险，要严格划分权限并进行周全的授权制度。对于管理风险，一方面要及时更新相关设备，加大企业在计算机方面的科技投入；另一方面要组织建立专项的计算机风险防范管理体系。对于制度风险，在加强人事考核管理的同时加大对计算机的稽核和监管，建立健全现有的计算机管理制度。

（二）对业务系统进行整合

对于必要的核心系统要满足财务共享服务的需要，尤其要符合企业自身的发展需要。在信息化建设中，应避免对系统功能盲目地求大求全，造成信息化系统与自身业务流程及管理相偏离。同时，为了减小信息化系统上线的阻力，各分公司或子公司可以派人参加系统需求设计，这样既能满足分公司或子公司的要求，又能达到总公司开发系统的目的。

（三）重视IT内控检查

强化接口阶段性检查工作，对发现的风险点进行优化。财务共享服务中心成立后，随着资金支付系统的启用，财务共享服务中心将承担80%以上的资金支付工作，这对资金系统的安全性提出了更高的要求。建设资金支付系统时，要加强收款方——供应商的信息维护工作，减少因收款方信息错误导致银行退回货款的情况的发生。

第四节 财务共享服务中心建设的主要驱动因素

一、企业内生驱动因素

在研究企业财务共享服务中心建设的主要驱动因素时，可以经常看到诸如管理职能集约化、管理效率性、管理规范性需求等内生动因，这些因素的存在使企业必须进行管理变革，以推进企业在相关方面实现一定的突破。财务共享服务作为实现这一突破的有效方法被越来越多的企业所采纳。

企业在发展的过程中，业务规模扩大、收购、兼并、新业务拓展、部门分离等情况，容易导致企业内部各机构或者机构的部分职能存在一定的重叠，传统的行政及业务支持部门往往使用重叠设置的方式，即总公司和分公司具有高度的一致性，分公司与分公司之间的内部机构设置又具有高度的相似性。由于管理层次过多，企业从上到下的决策执行力度、管理效果不一，尤其是有较为严格的财务管控诉求的企业更希望在业务管理的标准化（包含一致的业务流程、业务执行标准等）方面具有更为有效的管控能力。不同的分公司出于本地化的业务考虑，相关业务存在流程多样化、操作多样化、IT系统多样化的问题，导致在合规性和效率性等方面均具有一定的风险。

在建设财务共享服务中心之前，除少数企业将财务进行一定程度的集中外，多数企业仍然在采用较为传统的分散式财务管理组织模式。由于分散式财务管理组织模式在管控力度、合规性等方面较为薄弱，在财务管理的过程中往往存在以下问题：

（1）员工费用报销时间漫长

在传统模式下，员工为了报销，需多次找领导签字，有可能因为缺失一定的材料、手续而导致财务报销过程被多次退单，占用员工大量的工作时间。

（2）单据审批占用领导大量时间

领导的工作安排常常被审批签字打乱，异地更要利用传真跟踪审批，工作效率低下。

（3）资金管理分散

各分支机构均要申请银行账号，沉淀了大量的流动资金。资金支付受审批流程和银行处理速度的双重制约，严重滞后。大量的银行对账工作需要完成，财务人员工作量大且出错率高。

（4）内部控制滞后

月底汇总会计报表时，无法实现对各地分支机构经济业务的实时监控和集中管理，资金流量和流向信息的迟滞传递很难满足内部控制。

（5）财务事务性工作占比高

大量的财务资源被花费在事务性的工作上，无法向更高价值的财务管理工作上转移。

（6）缺乏有效的生产力工具

在处理业务的过程中，缺少信息系统等有助于生产力提高的工具，无法借助新的技术手段处理重复性的工作，整体业务处理效率低。

通常，随着财务共享服务中心的建立，新的财务组织架构和业务流程处理模式的确立能够较为现实地为企业带来包括成本节约和效率提升等的一系列机会。财务共享服务能够让企业把有限的资源集中到增加企业核心价值、培育与发展企业核心竞争力的活动方面，而不是把大量资源花费在例行性、事务性的活动上，同时缩减低效的资源配置，裁撤冗余的部门，将企业的资源集中到高价值领域。最终以优化的资源配置为企业带来高效、高价值的管理结果，实现价值的最大化。

随着市场的日益透明化，以及投资者对信息的需求提高，企业绩效考核的作用在当前弥足重要。如果无法在业务单元之间实现标准化，绩效考核将很难在企业级的层面上进行，而可靠高效的绩效指标是共享服务不可分割的一部分。共享服务与标准化都是为了降低成本和提升效率，但是与标准化不同的是，降低成本不是实施共享服务唯一的驱动力。共享服务涉及对人员、流程和技术的重新设计，以及对企业组织架构的调整，而重新设计的目的在于提升价值和服务水平，降低成本。

除充分利用规模经济效益外，共享服务还有两个战略性价值：第一，当前通过供应商关系获取的信息可以促进产品产生新理念。实务也可以随着新技术、理念和流程的发展不断改进。第二，共享服务为企业增加新的业务单元和迅速扩张提供了空间。因为共享服务只具有支持性功能，所以业务单元可以专注于自己的核心业务，寻求新的发展机遇。对于企业而言，财务共享服务是一项可以增加企业价值的战略性行动，尽管在短期内需要一定的投资，但是从长期角度而言，这种投入的回报颇丰：

（1）资本可集中在核心业务上

通过实施共享服务，企业可将投资到基础架构的部分最小化。共享服务对企业资金重新定向所带来的好处是使企业可以加速扩张和发展自己的产品和市场。

（2）营运效率最大化

共享服务的实施是除提高服务水平外，一种行之有效的可以大幅度降低整体成本、实现数据标准化的途径。

（3）流程加速与更新

流程和地区的精简可促进企业经营风险的降低。共享服务使企业在新兴市场中运营时可以轻松规避与基础架构相关的风险。

（4）信息流优化及知识资产增加

企业内全价值链的信息标准化和信息互连促进了知识资产的积累，而数据的深度和质量为加强与客户及供应商的相互依存关系创造了无限可能。

（5）高层管理人员可专注发挥其战略性和分析性作用

共享基础架构的杠杆作用，实现了市场开发和企业合并，企业甚至可以通过服务外部客户获取收入。企业合并的经济性大增是因为共享服务的存在使合并企业没有为未来必被淘汰的技术和流程付出代价。企业只需要购买自己想要的核心业务，因为可靠的信息和贯串的绩效考核早已准备就绪了。

最初，企业建设财务共享服务中心的初衷在于追求成本的节约。近年来，随着企业追求整合性的财务组织的趋势目标日渐清晰，除成本集约目标外，财务共享服务也成为企业打造高效、高价值财务的重要的实现方式。

二、新商业格局下的新诉求

从外部因素角度来看，在市场环境和技术环境，以及管理变革的趋势下，新的商业模式和技术在全球范围内引起了社会经济结构、生产和消费方式的深刻变革，并重新塑造了世界经济新的商业格局。而信息技术引领的科技革命对企业的管理理论、方法和工具均产生了持续的变革刺激作用，计算机、信息化的解决方案的应用不仅提高了企业的竞争能力，改变了企业的生存环境，而且也促进了产业结构的优化和升级，有力地推动了企业包括财务组织在内的组织结构的变革。

同时，在经济全球化的背景下，企业的业务扩张、多元化的经营面向的是全球范围内的市场，企业的跨国、多元化经营对自身管理的效率性、业务合规性、成本经济性等方面的诉求逐步提高。在此背景下，财务共享服务中心应运而生。

（一）经济全球化下的区域经济一体化

区域经济一体化是指同一地区两个以上国家逐步让渡部分甚至全部经济主权，采取共同经济政策并形成排他性经济集团的过程。以欧洲联盟、北美自由贸易区、东南亚国家联盟为代表区域，区域经济一体化已成为国际经济关系中引人注目的趋势之一，区域经济一体化是伙伴国家之间市场一体化的过程。区域经济一体化覆盖了全世界大多数地区。区域经济一体化内容日渐深入，新的区域一体化形式与机制灵活多样并在发展过程中不断创新。新一轮的区域协议涵盖范围不仅包括货物贸易自由化，而且包括服务贸易自由化、农产品贸易自由化、投资自由化、贸易争端解决机制、统一的竞争政策、知识产权保护标准、共同的环境标准、劳工标准等。

（二）国际服务贸易快速增长

从20世纪70年代开始，服务贸易日益成为国际贸易中的一个组成部分。近年来，随着跨境消费与支付、跨境服务贸易与结算、区域经济一体化带来的区域内人口流动性的提高、电子商务新商业模式的引入，以及持续的全球范围内的专业转型与升级等，国际服务贸易占世界贸易的比重也会再创新高。

我国的沿海城市在国际服务贸易增长的带动下，也将城市的发展重点放在了对外服务贸易上。企业的共享服务是我国城市面向全球的跨境服务输出的一项重要内容，许多跨国企业综合政策因素和特殊因素，将财务共享服务中心建立在了我国。

（三）各国对外贸易依存度不断增加

对外贸易依存度是指一国或一地区的对外贸易总额与国内生产总值的比率，用以衡量该国经济对国际市场的依赖程度。对外贸易依存度是衡量一个国家对外开放程度的重要指标之一，它反映了一个国家参与国际分工和国际经济合作的程度。

近年来，世界各国的对外贸易依存度都有所提高。一般情况下，小国依存度大，大国相对依存度小。

（四）科技创新对经济格局的影响力日益提高

科技创新对于经济社会变革所产生的影响是全方位的，而且科技成果对经济格局具有较深远的影响，并且最终表现为社会生产方式和居民生活方式的变化。近年来，科技创新与科技的全球化速度加快，科技成果转化为企业利润、国家利润的周期进一步缩短，科技自主创新能力成为国家竞争力的决定性因素。

在这样的商业格局下，财务共享服务中心作为财务组织变革的核心，通过广泛的建设和运营实践，证明了其能够为企业提供更多的能力和竞争优势，具体如下：

（1）更灵活的业务财务服务模式，以支持业务增长。
（2）利用规模效益削减成本。
（3）将业务流程及数据标准化，提高服务水准。
（4）本地化的同时支持企业资源向全球化方向整合。
（5）能够将最佳实践及技术高效地推广和运用。
（6）将业务重心放在自己的核心竞争力上。
（7）快速地适应变革。

三、国家政策鼓励企业建设财务共享服务中心

近年来，随着我国经济转型和产业升级的加速，国家也发布了相关政策鼓励企业投入更多的资源大力发展集约型、服务型经济，包括国务院国有资产监督管理委员会、中华人民共和国财政部等在内的国家相关部委发布的文件逐渐从建议企业推动财务共享服务中心的建设到要求企业建立财务共享服务中心。有关财务共享服务相关理论和实践的研讨也日渐深入。

《企业会计信息化工作规范》的第三十四条要求：

"分公司、子公司数量多、分布广的大型企业、企业集团应当探索利用信息技术促进会计工作的集中，逐步建立财务共享服务中心。

"实行会计工作集中的企业以及企业分支机构，应当为外部会计监督机构及时查询和调阅异地储存的会计资料提供必要条件。"

针对我国企业向更高价值领域迈进过程中所面临的问题，国家政策对企业建设财务共享服务中心建设的鼓励、对财务共享服务中心的实施态度可以看作我国企业关注成本、回归利润、推动产业转型，纠正把抱负、目标、行动看成战略的问题，走向务实、健康、可持续发展的正确道路。从这个意义上说，财务共享服务中心被众多央企集团和IT厂商所推崇，对我国企业的转型具有非常深远的意义。

四、财务共享服务中心建设的收益预期

财务共享服务到底能给我们带来什么呢?据调查,共享服务的投资回报率高达27%,员工人数减少26%,成本下降83%。透过这些数字,我们不难理解为何财务共享服务中心近年来在全球范围内迅速地掀起建设和运营的浪潮。总结财务共享服务中心的建设对企业的价值,可以大致将其收益归为以下五大方面:

(一)集团管控模式收益

集团财务管理制度标准化是财务共享服务模式构建的基础,也是财务集约化的主要内容。共享流程的标准化和规范化,以及财务平台的有效统一,将有效促进集团管控的效率和效力。

(二)流程变革收益

财务共享服务的基础理念就是流程再造,财务流程的再造促使财务数据业务化、数据全程共享化、财务流程标准化、财务流程模块化,从而推进财务的专业化。

(三)技术融合与创新收益

财务共享服务最重要的收益在于建立一个统一的财务业务平台,将涉及财务共享服务的关键财务制度都固化在统一的IT应用系统与数据库中,包括财务作业流程等,强化IT技术对财务管理的支持作用,保证总部的战略得到有效贯彻和落实。

(四)成本集约收益

成本集约是财务共享服务显而易见的收益,许多企业在建设财务共享服务中心后都能在较短的时间内收回投资,并实现长期、持续的管理收益。比如,财务共享服务中心的建设将有效提高资金使用效率,减少资金风险。财务共享服务实现了跨地域审批、跨地域支付,可以有效解决各分支机构开设银行账户所造成的资金占用问题。

(五)变革转型收益

财务共享服务中心的建设将促使业务单元财务更多地向业务支持方面转型,推进财务向管理前端的转型。同时,财务共享服务中心将有效加强财务集约化管控效果,强化政策执行效率。

第二章 财务共享服务中心建设规划

第一节 财务共享服务中心的战略定位

为了更好地实现企业战略发展,在财务管理创新、职能演进方面,大型企业都进行了积极的尝试与探索,其核心就是构建由集团战略财务中心、业务支持财务中心、财务共享服务中心共同组成的集团财务组织环境。

集团战略财务中心主要关注整个集团的财务方向、路径、政策、资源和风险控制;业务支持财务中心主要在实现最大限度的集中管控之后,更多地融入业务中,与业务部门成为合作伙伴,用专业技能为业务发展提供事前决策支持;财务共享服务中心则是通过集中化、标准化和端到端的流程管理,整合互联网资源,打造云端服务模式。这三个中心在运作时,集团战略财务中心对业务支持财务中心和财务共享服务中心进行管理指导;业务支持财务中心负责与集团战略财务中心和财务共享服务中心进行沟通反馈,不断加强业务财务一体化;财务共享服务中心作为两者的集中平台,应为集团战略财务中心和业务支持财务中心提供高效规范的服务,为企业战略提供支持。因此,财务共享服务中心作为集团财务管理的重要组成部分,需要明确自身的战略定位,以保证集团整体财务管理能够长远发展,并成为集团战略实施的有效支持。

一、战略定位的主要内容

集团根据其战略定位实施战略管理、制定企业文化、整合信息资源、搭建组织架构和监控风险等,从而实现对整个集团的有效管控。财务共享服务中心的建立是在推进集团财务集中化和标准化的基础上，实现集团财务管理水平的提升，保证集团战略管理、信息整合等决策的有效实施，增强财务管理风险防范能力，为集团战略决策提供支持服务，实现对集团财务的集中管控。

因此，集团的发展战略决定了财务共享服务中心未来发展的方向。财务共享服务中心应依据集团对自身的职能定位和战略需求，确定不同的发展战略。目前，战略定位主要分为集团管控、服务支持、集团管控兼顾服务支持三种。

（一）集团管控

集团管控主要是指大型企业的总部或管理高层通过设置管控部门、设计流程及制定企业文化等途径来影响下属企业或部门的战略、营销、财务、经营运作等方面的工作，从而对子公司运作产生影响的行为。同时，为了适应市场经营环境和企业内部组织的变化，企业需要通过集团化的组织结构和管控模式，以资产、产品、技术等为纽带，管控更多的资产和更宽泛的业务，通过投资及生产经营协作等多种方式，对下属企业或部门实施行之有效的管控措施，实现企业管理的提升、核心竞争力的强化及多项业务之间的战略协同。基于集团对财务共享服务中心的战略需求，财务共享成为财务运营工作管控的一项重要举措。集团管控定位的财务共享更侧重于管控职能。财务共享服务中心作为集团财务部的主要组成部分，发挥管控效益，通过制定统一的流程制度，形成全集团财务集中化和标准化的管理模式，整合财务管理和风险控制资源，对集团下属公司实施财务全程化管控，为集团制定战略提供高质量的财务决策支持、促进核心业务发展，实现集团对其下属企业或部门的实时监测，提高集团的综合掌控能力，从而有效支撑企业集团的发展战略。

（二）服务支持

集团的服务支持战略要求各下属企业或部门相互独立、各司其职，侧重于为集团战略决策提供各方面的服务支持，确保集团的正常有序运营。基于服务支持战略定位的财务共享服务中心，主要是集团的下属独立服务部门，更强调服务支持职能，为集团提供独立专业的财务服务，负责整个集团的财务核算工作，通过不断优化业务流程，提高会计业务处理质量和效率，保证集团内部财务工作的标准化和规范化，释放规模效益，降低财务人员的人力成本，提高财务核算水平与效率，为集团提供及时、准确的财务信息。

（三）集团管控兼顾服务支持

财务共享服务中心的集团管控战略定位专门为集团的战略决策提供有效的服务支持，保证集团与各下属企业和部门的有效沟通，有利于集团做出正确的战略决策。但是，只强调财务共享服务中心的集团管控，不注重其服务质量，可能会导致基础会计核算工作质量不高、效率低下。相反，服务支持战略定位只单纯强调为集团提供会计核算服务，而忽略了对集团战略决策的支持，不能有效发挥财务管理职能，会导致集团与各下属企业和部门的信息沟通不畅，削弱集团对各下属企业和机构的掌控能力，不利于管理层使用财务管理信息做出决策。随着集团的不断发展，战略需求不断变化，在集团管控和服务支持的定位基础上，衍生出基于集团管控兼顾服务支持的财务共享服务中心战略定位，这样的定位集合了集团管控与服务支持两种战略定位的优势，以集团战略发展为依托，在满足为集团战略提供财务决策信息的同时，也为集团各下属企业或部门提供了高质量的会计核算的各项服务，既注重财务管理又注重服务质量，两者相辅相成，有效地提升了集团管理水平，为集团的发展提供全面的支持。

二、实施主体的评估分析

财务共享服务中心的建设是企业集团化发展的必然选择。如何确定符合集团战略需求的财务共享服务中心的定位，确保财务共享服务中心在建设过程中及建设完成后均能够适应企业的发展，为企业制定战略提供财务决策信息，这就要求财务共享服务中心在建设初期必须对企业进行全方位的评估。项目评估是建设财务共享服务中心的起点，也是财务共享服务中心能否满足企业需求的核心问题。

（一）实施主体的现状和发展阶段分析

分析实施主体的现状和发展阶段是建设财务共享服务中心的前提条件。通常情况下，对实施主体的现状和发展阶段的分析要考虑企业文化和价值理念、企业机制和组织结构、管理基础和规范建设三个方面。这三个方面相辅相成，互相影响。优秀的企业文化和价值理念能够完善企业机制和组织机构，保证企业规章制度的贯彻实施。同样，合理的企业机制和组织结构能够促进企业文化的传承。

1. 企业文化和价值理念

企业文化是企业的灵魂，是企业信奉并付诸实践的价值理念。企业文化和价值理念是企业依赖的文化价值观，影响着企业的营销活动和经济价值观，是企业长远发展的前提。纵观国内外的成功企业，无一例外地都有着深厚的文化底蕴。这种文化的沉淀反映在企业的价值观、企业所表现出的士气、企业的沟通方式上，甚至反映在企业员工的行为习惯上。这说明企业文化与企业的生存和发展息息相关，甚至决定着企业的生死存亡。只有在正确的企业文化和价值理念的指引下展开经营，企业才能长久发展。

财务共享服务中心的建立是企业行为的组成部分，因此要在企业文化和价值理念的指引下开展工作。不同的企业文化及价值理念与不同的企业经营发展战略相匹配。在财务共享服务中心建设初期，要在充分考虑与企业文化及价值理念的契合度的基础上，明确自身的发展，保证财务共享服务中心符合企业的整体发展战略，促使企业合理配置资源，实现企业价值最大化的财务管理目标。

2. 企业机制和组织结构

企业机制和组织结构是企业的科学化和现代化的管理问题。企业作为一个经济有机体，为适应外部经济环境应具有相应的内在功能和运行方式。企业机制决定了企业经营行为的各种内在因素及其相互关系，通过共同约定的组织结构框架，保证资源和信息流通的有序性，提升企业的经营效率。任何企业都必须有相应的机制和组织结构来保证其实现最终目标。

财务共享服务中心作为一个独立运营的实体，必须具备相应的机制和组织结构，从而保证其业务正常、有序地开展，而且不同的发展阶段也需要有不同的机制和组织结构与之匹配。在财务共享服务中心建设初期，应根据企业现有的运行机制与组织结构设置自身合理、高效的运行机制与组织结构，保证财务共享服务中心能够融入企业内部、运行顺畅，各项业务与企业需求紧密联系，成为企业整体运作过程的重要环节。

3. 管理基础和规范建设

管理基础和规范建设是指通过制度建设、管理创新、流程优化及技术开发等方式，建立规范的工作秩序，从而加强企业的管理能力。对财务共享服务中心而言，管理创新与流程优化是重要的优势。因此，在财务共享服务中心建设初期，要评估企业管理基础和规范建设的成熟度，及时发现问题，依据企业现状"对症下药"，充分发挥财务共享服务中心的优势，有效解决企业存在的问题。同时，财务共享服务中心强调高度的集中化、标准化、规范化。从财务共享服务中心内部管理出发，也需要注意管理基础和规范建设，与企业的管理基础和规范建设相辅相成、相互作用，共同提升企业的整体管理规范水平。

（二）实施主体的管控模式分析

管控模式是指企业对下属部门基于不同的集权程度而形成的管控策略，与企业的组织架构、业务流程紧密相连。管控模式决定了组织架构和业务流程的设置，组织架构、业务流程又制约了企业管控模式的实施效果。因此，明确管控模式是工作流程的设计和优化的依据，是保证企业整体工作流程的高效运行、促进业务流程再造的基础。

财务共享服务中心在建设初期，通过对实施主体的管控模式进行分析，考虑如业务战略目标、人力资源管理、工作流程体系及管理信息系统等重要的外界因素，可以帮助财务共享服务中心快速明确企业管控模式现状，更好地从企业角度出发，进一步提高企业的工作效率、防范企业经营风险、提升企业管理能力、提高企业决策的科学性。企业的管控模式主要分为财务管理型、战略管理型和运营管理型三种。

1.财务管理型

财务管理型管控模式通过财务指标对下属子公司进行管理与考核，但不会限制下属公司的战略发展方向。总公司主要关注子公司的盈利情况和投资回报、资金收益情况，基本不干涉下属子公司的具体经营管理，并根据业务发展状况增持股份或适时退出。这种模式被形象地表述为"有头脑、没手脚"。

2.战略管理型

战略管理型是一种介于集权与分权之间的管控模式，由总公司负责规划和协调整个企业的战略发展，以追求公司整体战略控制和协同效应的培育为目标。企业与下属子公司的关系主要通过战略协调、控制和服务维系，但是总公司很少干预子公司的具体日常经营活动。企业根据外部环境和现有资源，制定集团整体发展战略，通过控制子公司的核心经营层，使子公司的业务活动服从于企业整体战略活动。一般地，这种情况比较适用于相关产业企业的发展。这种管控模式被形象地称为"上有头脑、下也有头脑"。

3.运营管理型

运营管理型是一种集权的管控模式，总公司作为经营决策中心和生产指标管理中心，对子公司实行集中管理和控制。总公司的业务管理部门对控股子公司的日常经营运作进行直接管理。这种管控模式特别强调企业经营行为的统一、企业整体协调成长和对行业成功因素的集中控制与管理。

这三种模式各具特点，财务管理型和运营管理型处于集权和分权的两个极端，战略管控型则处于中间状态。有的企业从自己的实际情况出发，为了便于管控，将处于中间状态的战略管控型进一步细化为"战略实施型"和"战略指导型"，前者偏重集权，后者偏重分权。现实中，企业的内部管控往往是以一种模式为主导的多种模式的综合。企业的管控模式并不是一成不变的，它将随着企业的整体战略转型而进行动态调整，因此在财务共享服务中心建设初期，应充分考虑未来如何及时适应企业面对战略转型而带来的管控模式调整，如何高效地帮助企业完成转型并实现转型目标。

（三）实施主体的行业特点分析

财务共享服务中心是集管理创新、制度创新、流程创新和信息技术于一体的新型管理模式。由于企业所处行业及业务特点不同，其财务管理需求不同，各行业利用财务共享服务中心的程度也不同，因此需要对财务共享服务中心的实施主体的行业特点进行详细分析，包括企业的扩张程度、下属分公司和子公司的数量、企业发展的成本控制，以及相同流程和标准业务的范围等。对于适合建立财务共享服务中心的实施主体，通过将实施主体中标准化程度较高的业务从企业剥离出来，集中化、规范化地进行财务处理，能够大幅度降低实施主体的运营成本，提高实施主体的风险防范能力，提高实施主体的标准化、规范化程度。

第二节 财务共享服务中心的业务范围

一、企业财务的职能梳理

在财务共享服务中心建设初期，企业需要开展的工作有很多，其中最为重要的是确定财务共享服务中心的业务范围。为保证财务共享服务中心的业务范围确定的准确性、完整性，应先对企业财务职能进行梳理。随着财务管理定位的逐步强化，企业财务职能的成熟度也逐渐提高，逐步从会计账务处理向业务运营绩效管理、企业决策支持的管理会计转变。通过对企业财务职能的梳理和分析，可以判断企业的当前财务职能是否齐全、完善，对企业财务职能的现状有清晰的认识，有利于调整并优化企业财务发展规划；企业对其所有财务职能进行梳理和分析，有利于后期职能划分、财务共享服务中心业务范围确定等各项工作的顺利开展。

企业财务职能按照不同维度可以有多种分类方式，每种分类方式各有侧重，也可以交叉使用。

（一）按职能性质分类

1.财务运营职能

财务运营职能是指财务工作中与日常运营管理及具体作业紧密相关的基础职能，一般包括会计核算、资金管理、财务报表管理等内容。财务运营职能是企业财务总体职能的基础，是企业财务工作正常运作的基石。

2.非财务运营职能

非财务运营职能是指除财务运营职能以外的其他职能，通常具有较高的服务价值和管理价值，主要包括三个方面：风险与成本管理、资源配置职责和决策支持职责。非财务运营职能具体包括税务管理、财务分析、预算管理、财务风险管理、权益管理和其他财务服务等内容。

（二）按业务类型分类

在业务类型方面，一个完善的企业财务职能至少包括十大模块。

1.会计核算

会计核算也称会计反映，是企业财务工作的基本职能之一，是财务工作的重要环节。会计核算以货币为主要计量单位，对会计主体已经发生或已经完成的经济活动进行连续、系统的记录，并依据此部分基础信息定期编制会计报表等。会计核算可以形成一系列财务、成本指标，据以考核经营目标的完成情况，为管理层制定经营决策和综合平衡国民经济计划提供可靠的信息和资料。会计核算的基本方法主要有：设置账户和账簿、复式记录、填制凭证、审核凭证、登记账簿、成本计算、财产清查和编制会计报表等。

2.资金管理

资金管理是对企业的资金来源和资金使用进行规划、控制、监督、考核等各项工作的总称，具体如下：

（1）账户管理

账户的开设、日常维护和使用、变更、撤销、账户用途管理等。

（2）资金内部结算

资金归集管理、资金的上划下拨等。

（3）资金外部结算

资金外部结算交易管理、资金交易平台的搭建及日常管理等。

（4）资金信息分析

通过企业资金系统与银行系统直联或与第三方支付公司系统对接资金信息，实现对资金信息的实时监控，加强对资金流入和流出的规律分析、运营资本效率分析、收入回现分析、流动性风险分析等。

（5）资金风险管控

通过对资金流动的动态监控，实时掌握各级账户和资金流入、流出信息，对账户开设和大额资金流动进行动态监控，降低资金风险。

（6）资金报表管理

通过企业资金系统与财务系统的对接，实现自动对账，生成会计凭证，并编制资金余额调节表等资金报表。

（7）其他资金管理

资金相关制度管理、资金印章管理等。

3.财务报表

财务报表亦称对外会计报表，是会计主体为外界提供的反映会计主体财务状况、经营情况和现金流量的结构性表述文件，包括资产负债表、利润表、现金流量表、所有者权益变动表和报表附注。财务报表的管理工作包括各类财务报表的制定、优化和日常管理等。

4.税务管理

税务管理包括税务战略制定、税务合规监控及税务申报处理。企业税务管理是企业在遵守国家税法、不损害国家利益的前提下，充分利用税收法规所提供的包括减免税在内的一切优惠政策，达到少缴税的目的，从而降低税收成本，实现税收成本最小化。

5.财务分析

财务分析以财务报表和其他相关资料为主要信息来源，采用一系列专门的分析技术和科学的评价标准，分析与评价筹资活动、投资活动和经营活动的偿债能力、盈利能力和运营能力，帮助报表使用者了解企业过去、评价企业现状、预测企业未来，为企业领导者做出正确决策提供准确的信息或依据。财务分析的主要目的是对企业未来的状况及经营业绩进行最佳预测，包括企业经营业绩和结果的分析和其他各类关键财务分析工作，具体可分为：

（1）资金运作分析

资金运作分析是指根据企业的业务战略与财务制度，预测并监督企业各项现金流和资金使用情况，为企业的资金调度、运作与统筹提供信息与决策方面的支持。

（2）财务政策分析

财务政策分析是指根据各种财务报表，分析并预测企业的财务收益和风险，为业务的发展、财务管理政策的建立及调整提供建议。

（3）经营管理分析

经营管理分析是指预算执行分析、经营业绩分析。根据分析为业务决策提供科学的财务支持。

（4）投融资管理分析

投融资管理分析是指参与投资和融资项目的财务测算、成本分析、敏感性分析等活动，配合上级制定的投资和融资方案，防范风险，从而实现企业利益的最大化。

（5）财务分析

财务分析是指根据财务管理政策与业务发展需求，撰写财务分析报告、投资调研报告、可行性研究报告等，为企业财务决策提供分析支持。

6.预算管理

预算管理可分为预算编制、执行、监控、调整及分析。预算管理是指利用预算对企业各部门的各种财务及非财务资源进行分配、考核、控制，以便有效地组织和协调企业的生产经营活动，完成既定的经营目标的管理过程。

7.财务风险管理

财务风险管理是指企业等经营主体对其理财过程中存在的各种风险进行识别、度量、分析和评价，并适时地采取有效的方法对风险进行防范和控制，以保障理财活动的安全，保证企业的经济利益免受损失的管理过程。财务风险管理主要包括财务风险的分析、评价和考核管理。

财务风险管理是由风险识别、风险度量和风险控制等环节组成的，而风险度量是财务风险管理的核心。财务风险管理的目标是降低财务风险，减少风险损失。因此，要处理好收益与成本的关系，从最经济、合理的角度来处置风险，制定财务风险管理策略。风险的动态性决定了财务风险管理是一个动态的过程。由于企业内外部环境处于不断变化之中，所以在实施财务风险管理计划的过程中，应该根据财务风险状态的变化，及时调整财务风险管理方案，对偏离财务风险管理目标的行为进行修正。

8. 权益管理

权益管理分为企业权益资金的筹集和运用，以及企业权益类资产的管理，含投融资和股权投资管理等。

企业的所有者权益又称为股东权益，是指企业资产扣除负债后由所有者享有的剩余权益，包括实收资本（或股本）、资本公积、盈余公积和未分配利润。所有者权益是企业投资人对企业净资产的所有权。所有者权益受总资产和总负债变动的影响而发生增减变动。所有者权益意味着所有者有法定的管理企业和委托他人管理企业的权利。

权益资金是指企业依法筹集的、长期拥有并自主支配的资金。这类资金没有规定偿还本金的时间，也没有受到偿付利息的约束。权益资金由企业成立时各种投资者投入的资金，以及企业在生产经营过程中形成的资本公积、盈余公积和未分配利润组成。为设立而筹集的、进入企业的权益资金主要是实收资本，它是企业权益资金的主体。实收资本是指投资者实际投入企业的资本总额。投资者可以是国家，也可以是法人或个人，还可以是外商。投资者对企业的投资方式主要有货币资金投资和固定资产投资。

9. 其他财务服务

其他财务服务包括财务外部检查配合、财务内部管理和财务系统建设等。ERP 系统是一个可以在全企业范围内应用的、高度集成的系统。数据在各业务系统之间高度共享，所有源数据只需在某一个系统中输入一次，就可保证数据的一致性。针对会计核算，ERP 系统可以实现记录、核算、反映和分析资产管理等功能。ERP 系统开发的会计审核模块由总账模块、应收账模块、应付账模块、现金管理模块、固定资产核算模块、多币制模块、工资核算模块、成本模块等构成。

10.财务管理

财务管理主要用于实现会计核算功能,以实现对财务数据的分析、预测、管理和控制。ERP 系统基于财务管理需求,侧重财务计划中对进销存的控制、分析和预测。ERP 系统开发的财务管理模块包含财务计划、财务分析、财务决策等。

二、企业财务职责的划分

根据企业财务战略发展规划及前期确定的财务共享服务中心在企业中的定位,可以在原有业务体系和财务共享服务中心之间对企业所有财务职责进行明确界定。在梳理企业财务职责的过程中,可能会发现一些边界性的问题,此时应组织相关人员进行充分讨论,界定清楚后再继续进行职责划分。财务职责需要先界定清楚,因为职责划分是以职责梳理清晰为前提的,职责没有梳理清楚,职能划分也就无从谈起。

通常而言,企业更倾向于将财务职能中的高价值内容保留在原有的财务业务体系中,而不选择纳入财务共享。这些高价值内容包括:财务计划及分析、预测与预算、管理会计及报告、财务及法定报告、业务支持、税务分析、纳税申报、资金管理、内部审计、风险管理、公司治理、投资者关系和融资项目等。

此外,部分企业也会考虑将高价值内容中的个别内容纳入财务共享服务中心,主要有财务及法定报告、税务分析、纳税申报和资金管理,这是因为它们与交易性内容的联系较为紧密,存在前后端的关系,更容易被标准化。与管理决策联系较为紧密或涉及商业秘密的内容,如财务计划与分析、预测与预算、资金运作、内部审计、风险控制等,其共享程度都较低。涉及政策法规及专业性较强的内容,如财务及法定报告、纳税申报和税务分析等,为了有效制定管理决策,企业通常不会将其纳入共享(外包)。

值得一提的是,有些企业将资金管理纳入了财务共享服务的范畴,这一内容包括金融风险管理、资金运营管理和融资平台管理。资金运营管理中资金交易平台的搭建,可以体现财务共享服务中心规模化、作业自动化的功能,能明显提高资金结算时效,达到提高工作效率、降低工作成本的目的。

三、业务范围的确定维度

企业将各项财务职责划分清晰后,讨论并确定财务共享服务中心的实施范围就显得尤为重要了。财务共享服务中心的实施范围包括行业范围及业务范围,其相关的确定维度主要包括业务处理的集中性程度、业务规范性程度、流程标准化程度和业务处理自动化程度等几个方面。

对一个集团化的企业来说,财务共享服务需要考虑纳入哪些行业的子公司。在实践中,制造业、电信运营、银行、保险、零售等行业都适合采用财务共享服务模式。此外,财务共享服务并非只针对企业,一些公共服务部门,如医疗康复机构已经认可了创建财务共享服务中心的理念,即以最小的成本获取最大的收益,同时也避免了重复性的活动。

确定财务共享服务的业务流程范围是实施共享服务的首要任务。一般来说,那些重复性高、劳动密集型、能够实现、容易见效或者已经具有标准化工作流程、可自动化处理的财务业务,应纳入财务共享的服务范围,如应收账款、应付账款、总账、员工薪酬、固定资产、费用报销和资金管理等。业务范围的确定可以从定性和定量的角度进行对比、分析和筛选。

(一)定性分析

定性分析需要考虑流程是否具有业务量大、重复发生且没有必须保持分散的约束条件。一般来说,越具有同质性的流程,越有可能成为财务共享的目标。

(二)定量分析

定量分析主要通过基于活动的成本分析法来确定流程步骤,分析现有流程的全职工作人员的工作效率和流程的成本,并考虑建立财务共享服务中心之后的工作人员的工作效率和流程的成本,以方便进行投入产出比等相关分析。管理层可根据统计出的数字和图表数据确定实施范围。

四、财务共享服务中心业务范围

纳入财务共享的业务通常具有重复性高、劳动密集、能够实现、容易见效或者已经具有标准化工作流程、可自动化处理等特点。财务共享服务中心所提供的服务主要分为以下四类：

第一，会计账务处理，包括往来账、应付账款、应收账款、固定资产、存货等。

第二，现金管理，包括资金管理、工资管理、现金存量和流量管理等。

第三，财务报告，包括企业内部管理报表、对外财务报表、报表合并等。

第四，其他会计业务，包括发票管理、差旅费管理、税务筹划等。

财务共享服务中心最主要的业务类型有会计核算、资金管理、税务管理、数据及报表管理和会计档案管理。

（一）会计核算

《中华人民共和国会计法》中的第二章规定了会计核算的基本内容，《会计基础工作规范》（2019年修订）第三十七条又重申了会计法中的这一规定，即要求对下列会计事项，必须及时办理会计手续、进行会计核算：

1.款项和有价证券的收付

款项是作为支付手段的货币资金。可以作为款项收付的货币资金包括现金、银行存款和其他货币资金，如外币存款、银行汇票存款、银行本票存款、在途货币资金、信用证存款、保函押金和各种备用金等。有价证券是具有一定财产权利或者支配权利的票证，如股票、国库券、其他企业债券等。

款项的收付是经常发生的，在一些企业中，其发生额还很大。有价证券收付的频繁程度在多数企业要低一些，但发生额一般都比较大。款项和有价证券收付的业务涉及较易受损的资产，绝大部分业务本身又直接导致一个单位货币资金的增减变化，影响企业的资金调度能力，所以通常要求进行严密、及时和准确的核算。目前，在这方面存在的突出问题是：有的款项收付未纳入企业的统一核算，而是转入了"小金库"；或者企业资金管理失控，被非法挪用，甚至出现贪污等问题。因此，必须加强对款项、有价证券的管理，建立健全内部控制等管理制度。

2.财物的收发、增减和使用

财产物资是一个企业用来进行或维持经营管理活动的、具有实物形态的经济资源，包括原材料、燃料、包装物、低值易耗品、在产品、自制半成品、成品、商品等流动资产和机器、机械、设备、设施、运输工具、家具等固定资产。

财产物资在许多企业构成资产的主体，并在资产总额中占有很大比重。财物的收发、增减和使用业务，是会计核算中的经常性业务，有关的核算资料往往是企业内部进行业务成果考核、控制和降低成本费用的重要依据。此外，会计核算还对各种财产物资的安全性、完整性具有重要的监督作用。

3.债权债务的发生和结算

债权是一个企业收取款项的权利，包括各种应收和预付的款项。债务则是一个企业需要以其货币资金等资产或者劳务进行清偿的义务，包括各项借款、应付和预收款项，以及应交款项等。债权和债务都是一个企业在自己的经营活动中必然要发生的事项。对债权债务的发生和结算的会计核算，涉及企业与其他企业及其他有关方面的经济利益，关系到企业自身的资金周转。从法律上讲，债务还决定一个企业的生存问题，因此债权债务是会计核算的一项重要内容。会计基础工作薄弱的企业，往往不能正确、及时地办理债权债务的会计核算，使企业的信誉和经济利益有所损失。也有部分企业利用应收应付款项账目隐藏、转移资金、利润或费用。对此问题，会计人员必须制止和纠正。

4.资本、基金的增减

资本一般是企业所有者对企业净资产的所有权，因此亦称"所有者权益"，具体包括实收资本、资本公积、盈余公积和未分配利润。基金主要是指机关、事业单位某些特定用途的资金，如事业发展基金、集体福利基金、后备基金等。资本和基金的利益关系人比较明确，用途也基本固定。办理资本、基金增减的会计核算政策性很强，一般应以具有法律效力的合同、协议、董事会决议或政府部门的有关文件等为依据，切忌盲目听从企业领导人或其他指示人未经法定程序认可或未办理法定手续的任何处置意见。

5.收入、支出、费用、成本的计算

收入是一个企业在经营活动中因销售产品、提供劳务或提供资产的使用权等而取得的款项或收取款项的权利。支出，从狭义上理解，仅指行政事业单位和社会团体在履行法定职能或发挥特定的功能时所发生的各项开支，以及企业和企业化的事业单位在正常经营活动以外的支出或损失；如从广义上看，支出是一个单位实际发生的各项开支或损失。费用比支出的含义窄，通常使用范围也较小一些，仅指企业和企业化的事业单位因生产、经营和管理活动而发生的各项耗费和支出。成本一般仅限于企业和企业化的事业单位在生产产品、购置商品和提供劳务或服务中所发生的各项直接耗费，如直接材料、直接工资、直接费用、商品进价，以及燃料、动力等其他直接费用。

收入、支出、费用、成本都是重要的会计要素，从不同的角度度量一个单位的经营管理水平和效率，是计算一个单位经营成果及盈亏情况的主要依据。对这些要素进行会计核算的特点是连续、系统、全面和综合。在实际工作中，问题突出的有虚报收入（人为压低或拔高）和虚列支出等，已成为严重影响会计信息质量的问题之一，会计人员有责任制止和纠正这种现象的继续发生。

6.财务成果的计算和处理

财务成果主要是指会计主体在一定的时期内通过从事的经营活动而在财务上所取得的结果，具体表现为盈利或亏损。财务成果的计算和处理，包括利润的计算、所得税的计缴和利润的分配（或亏损的弥补）等，这个环节的会计核算主要涉及所有者和国家的利益。在实际工作中存在的问题主要是"虚盈实亏"和"虚亏实盈"，一般视单位的所有制性质而异，呈典型的利益驱动倾向，其共同特点是损害国家或社会公众利益，是一种严重的违法行为。

7.其他需要办理会计手续、进行会计核算的事项

其他会计事项是指在上述六项会计核算内容中未能包括的、按相关法律法规或会计制度的规定办理会计手续和进行会计核算的事项。单位在处理这类事项时，应当按照相关法律法规或会计制度的规定，认真、严格地办理会计手续，进行会计核算。

合理地组织会计核算是做好财务工作的一个重要条件和基础前提，对于保证财务工作质量，提高财务工作效率，正确、及时地编制财务报表，满足相关信息使用者的需求具有重要作用。企业可根据自身情况，选择将全部核算业务或部分核算业务纳入财务共享服务中心，也可以在设立财务共享服务中心后分批次、有选择性地逐步纳入。

（二）资金管理

从企业完整、全面的业务开始发生到财务入账、支付、凭证归档的整个过程中，资金管理业务是财务共享服务中心整体业务范围的主要内容之一。无论企业采用何种财务共享服务模式，对应的资金管理业务基本保持在银行账户管理、资金收付管理、票据管理等基本业务上。强化资金的集中管理、提高资金的运作效率、防范资金的交易风险、降低资金的流动成本和建立多渠道方式的结算机制，可以为企业创造更多的价值。

1.银行账户管理

银行账户管理是企业资金管理工作的基础。企业的银行账户通常具有以下三个

特点：

第一，整体账户数量庞大，下级公司账户数量占比大。

第二，账户开设标准不统一，主观因素较大。

第三，账户集中化程度不高，使用效率有限。

上述三个特点，给企业的银行账户管理工作带来了一定的难度。强化企业银行账户管理，要求加强银行账户开户、变更和撤销管理，新增网上银行（银企直联）管理，搭建合理的企业账户体系，理顺企业成员单位账户的架构，为加强财务管理、有效进行资金的集中运作打好基础。

2.资金收付管理

资金收付管理按照收支管理对象的不同可分为收入、支出业务的集中管理，企业与下级公司的资金上收、下拨管理。加强资金收付管理，可以全面控制资金流向，整合企业资金集中优势，有效地提高资金的使用效率；强化资金收入、支出的内部控制，有效地控制资金风险，降低资金机会成本；明确各项资金收付审批权限及审批程序，进一步加强企业内部的财务管理；将大量滞留在下级公司的资金进行归集，提高企业对下级公司的资金风险管控能力。

3.票据管理

票据管理包括有价单证及重要空白凭证管理。票据集中管理，可以对票据的购买、领用及保管等方面进行全面管控，满足企业对票据信息的可查、可控的动态监控，这对于"零现金"管理的企业的意义重大。企业通过对票据的集中管理，有利于调整和控制下级公司的资金需求和使用计划，监督和把握企业及各成员单位的预算执行情况，为管理层提供管理数据，并有效降低融资成本，在一定程度上提高了资金的使用效率，降低了企业的财务风险。

4.资金收付渠道管理

在企业资金集中管理的过程中，资金收付渠道管理包括：根据企业资金收付的特点，确定主要合作银行及第三方收付渠道；收付渠道方及收付新业务接入资金系统的需求评估、协议签订、接入安排、日常管理及调整等工作。此外，在选择合作银行及第三方收付渠道时，应考虑其业务网络、资金调拨效率、成本费用、服务水平、业务需求响应能力等因素。只有资金收付渠道在企业资金管理系统中良性发展，才能提高资金的使用效率，降低成本，提高企业资金资源配置效率和财务监控能力。资金的集中管理提升了企业与银行及收付渠道方的合作水平。企业选择合理的资金收付渠道，为与银行开展全方位的合作、扩大融资额度和拓展融资方式打下了坚实的基础。

（三）税务管理

税务管理的核心问题是税收筹划，企业其他的税务管理活动最终都是以实现税收筹划为目的的。税收筹划是指在遵守国家法律及税收法规、不损害国家利益的前提下，通过合理筹划，选择合适的经营方式，减轻税收负担。

可纳入财务共享服务中心的税务业务具有可远程操作、可标准化处理等特征，通常包括税务政策咨询、税务合规监控、纳税申报处理等。企业需根据当地的税务监管情况，结合自身业务情况，选择性地将部分具有以上特征的税务业务纳入财务共享服务中心。

企业在生产经营活动中的税收筹划，主要是指企业在法律允许的范围内，通过对经营、投资、理财等活动的事先筹划和安排，最大限度地减轻税收负担的一种合法的财务管理活动。例如：在遵循现行税法和财务制度的前提下，通过选择适合的存货计价方法，使发货成本最大化，以实现账面利润最少的目标；采用加速折旧法，增加当期折旧额，得出计提比例，达到合法延迟纳税的目的；选择最有利的坏账损失核算办法，减轻税收负担；等等。在履行纳税义务时，企业要充分利用税法合理处理税款，从而减少企业流动资金的支出。

（四）数据及报表管理

数据及报表管理是财务共享服务中心的升值业务，也是财务共享服务中心的核心价值所在。

财务共享服务中心拥有会计核算、资金交易等"大数据"平台，要充分利用好这部分数据为管理层和相关利益主体提供优质服务，所以财务数据管理在财务共享服务中心各项业务中显得尤其重要。

财务共享服务中心的报表管理可以从报表提供、报表梳理、报表优化、报表需求管理等几个方面着手。在集中提供法定财务报表的基础上，财务共享服务中心可以根据管理层要求对财务报表进行优化、调整，提供高价值服务。财务报表是财务报告的主要组成部分，它所提供的会计信息具有重要作用，主要体现在以下四个方面：

第一，全面系统地揭示企业在一定时期内的财务状况、经营成果和现金流量，有利于企业管理者了解企业各项任务指标的完成情况，评价各级管理人员的经营业绩，以便及时发现问题，调整经营方向，提高管理水平和经济效益，为经济预测和决策提供依据。

第二，有利于国家经济管理部门了解国民经济的运行状况。通过汇总和分析各企业提供的财务报表，了解和掌握各行业、各地区的经济发展情况，以便宏观调控经济运行，优化资源配置，保证国民经济稳定持续发展。

第三，有利于投资者、债权人和其他相关人员掌握企业的财务状况、经营成果和现金流量情况，进而分析企业的盈利能力、偿债能力、投资收益、发展前景等，为他们投资、贷款和贸易提供决策依据。

第四，有利于财政、税务、工商、审计等部门监督企业经营管理。通过财务报表可以检查、监督各企业是否遵守国家的各项法律法规和制度，有无偷税漏税的行为。

（五）会计档案管理

会计档案管理工作主要包括对会计凭证、会计账簿、财务报告及其他会计资料进行审核、整理、装订、立卷、归档保管、查阅和销毁等。纳入财务共享服务中心的会计档案管理，通过流程再造、现代化系统支持等一系列手段，从前期收集、内部流转到后期保管及调阅，形成了一套完整的操作流程，可以保证会计档案管理的完整性、准确性。随着信息技术、互联网技术的日益成熟，会计档案管理逐步从以纸质为媒介的传统管理储存方式转变成以数据形式存在的数字化管理。有条件的企业应积极推动电子档案相关工作的开展。《企业会计信息化工作规范》第四十条明确规定："企业内部生成的会计凭证、账簿和辅助性会计资料，同时满足下列条件的，可以不输出纸面资料：（一）所记载的事项属于本企业重复发生的日常业务；（二）由企业信息系统自动生成；（三）可及时在企业信息系统中以人类可读形式查询和输出；（四）企业信息系统具有防止相关数据被篡改的有效机制；（五）企业对相关数据建立了电子备份制度，能有效防范自然灾害、意外事故和人为破坏的影响；（六）企业对电子和纸面会计资料建立了完善的索引体系。"

可见，企业会计档案管理不仅包括纸质会计档案的管理，还包括电子会计档案的管理。财会信息的数字化、网络化已经成为财会管理发展的必然路径，与之相应的会计档案的管理内容和方式必然随之发生改变。财务共享服务中心具有流程高度标准化、自动化的作业模式，更应该积极推广会计档案信息化管理工作。

第三节 财务共享服务中心的组织与人员

组织与人员的构成和运作多依赖其他模块：战略定位决定了组织与人员的设计依据；业务流程明确了组织与人员如何设计和配备；信息系统平台又为组织目标提供了强有力的支撑和保障；运营管理肩负着对组织与人员的管理责任，使得组织与人员始终处于优化提升的过程之中。

组织设计不是一张简单的组织结构图，其目的是围绕核心业务建立强有力的组织管理体系，降低组织管理成本，增强组织应对环境变化的灵活性，从而达到提高组织运作效率的目的。

一、财务共享服务中心设计组织架构应遵循的原则

财务共享服务中心有别于传统的业务部门组织，是一个专业提供服务的部门。与传统组织相比，财务共享服务中心更强调标准化的流程、专业技能与服务的提供。因此，财务共享服务中心组织架构的设计应遵循以下五个原则：

（一）流程化运作原则

以业务类别作为分类依据划分下设机构，以流程化运作为主要管理模式，追求核算工作效率提升和风险控制。

（二）同类业务归并原则

对于同一性质的业务如成本费用、固定资产、资金结算等按小组归集，以保障该业务的统一。

（三）协作高效充分原则

内部组织之间能够相互协作和支持，并且保持这种协作关系的顺畅、高效、充分。

（四）人员数量均衡原则

各组人员数量相对均衡。

（五）管理跨度合作原则

保持合理的管理跨度，使每个小组之间、共享中心经理和组内成员之间都能保持有效的沟通。

二、财务共享服务中心划分内部组织的方法

财务共享服务中心内部组织划分常见的方法有以下三种：

（一）按小组专业划分

业务小组按专业分工，再根据各自业务流程提供专业服务：各小组的人员直接面向自己的客户，即本小组对应的业务单元的员工；各业务小组设有一个负责人，对所处理的业务负责。另有一个小组支持业务小组的运行。这种方式遵循了专业化原则，标准化程度高，有利于提高人员的工作效率，同时也简化了培训工作。但这种划分方式容易使工作人员只关注自己所在的专业业务小组，而忽视组织整体目标，组织之间的协调比较困难。

（二）按业务流程性质划分

根据业务流程性质可分为四个业务团队：结算组、核算一组、核算二组、支持维护组。结算组负责资金调拨、付款及银行对账等资金操作活动；核算一组提供费用报销与应付核算方面的会计核算服务；核算二组提供投资核算、固定资产、税金和报表等方面的会计核算服务；支持维护组主要提供财务系统机构、部门、人员等的维护服务。

（三）按服务类型划分

共享服务团队中，财务共享服务团队为业务单位提供结算、核算和报表服务，其组织结构同按业务流程性质划分的组织模式；信息技术共享服务团队为整个公司提供IT

服务。一个支持小组中，业务支持组负责整个共享中心的行政工作。

考虑服务对象的业务特点，财务共享服务中心所处的阶段及提供的业务范围等因素，选择合适的划分方法，对财务共享服务中心本身的成本控制、服务质量及服务效率都具有重要的影响。

三、财务共享服务中心的岗位

财务共享服务中心内部的各个业务单元，承担不同的业务职能，相互协作和支持。根据业务性质不同，财务共享服务中心的岗位可分为两类：业务操作岗位和运营支撑岗位。业务操作岗位包括核算、结算、档案管理等业务操作人员；运营支撑岗位包括流程制度优化、系统运维、绩效、培训、服务等支撑人员，负责财务共享服务中心各个管理维度的支持。

（一）设计不同岗位需考虑的因素

第一，岗位与技能匹配。岗位不同，对员工的技能和经验的要求也不同。财务共享服务中心采用标准化的流程与操作，每个环节都有独立的岗位，每个岗位的操作工序也是不同的，都有其特殊的专业技术要求。

第二，岗位与能力匹配。员工能力包括专业能力、创新能力、沟通能力、学习能力等。业务操作岗位和运营支撑岗位对员工的素质要求不同，业务操作属于操作性岗位，要求员工有熟练的专业技能，而运营支撑岗位则要求员工具有主动性和创新性。

第三，岗位与空间匹配。在设置岗位时，应充分考虑员工的发展空间，包括岗位与岗位之间的空间距离和员工个人的发展要求等。员工对发展空间的要求是多方面的，比如对职务晋升、薪资涨幅或者职称级别的提高，应根据不同情况设置岗位空间，从而留住人才。

财务职能岗位主要包括资金管理、资产及产权管理、税务管理、财务信息化、财务风险及内控管理、财务分析、会计政策制度管理、会计核算、报表编制、会计档案管理和对外关系综合管理等。

（二）不同岗位的职责

1. 主任的岗位职责

主持财务共享服务中心的各项工作，包括制订工作计划，加强制度建设及信息化管理，负责团队的建设及考核，分管资金管理组、总账报表组，负责成员单位会计信息质量与资金流出控制，对费用预算与日常费用支出进行审批，组织编写月度运行简报。

2. 副主任的岗位职责

配合主任的工作并主管财务共享服务中心的档案管理、期末管账及会计报表工作；分管成本费用组，协管资金管理组与总账报表组，保障收入及成本费用核算的真实性；推动信息化工作的实施与开展，定期组织员工培训和会计基础工作自查，提高员工综合业务素质。

3. 资金结算岗的岗位职责

根据记账凭证及时准确地办理资金结算业务，及时上报、处理各单位银行账户的异常情况；协助单位开户、销户及网银的开通与注销；复核银行余额调节表；负责资金结算票据的申领、开具、传递、登记、保管等工作；保管、开具成员单位收款收据，保管所经管单位银行预留印鉴（负责人）。

4. 资金核算岗的岗位职责

处理资金结算业务的会计核算工作，准确记录每笔资金结算业务的金额、外来单位及其他辅助核算项目，每周与资金结算岗核对各参建单位银行的账户余额，及时处理各项未了事项，减少未达账项，按月编制各银行账户银行余额调节表，并提交资金结算岗位复核。

5. 税务核算岗的岗位职责

负责成员单位上级管理费、安全生产经费及各项税金的计提与核算；配合成员单位接受上级机关、税务部门的税务检查；配合上级公司的税务资料收集，以及税务报表的编制。

6. 收入核算岗的岗位职责

熟悉成员单位承包合同中与核算有关的条款，了解工程量清单，负责成员单位预算总收入、预算总成本资料的搜集和复核；熟悉成员单位的税收情况，包括税种、税率及税收优惠政策等；负责成员单位当期收入、成本、毛利的确认及核算；负责成员单位业主中（终）期支付证书的复核工作，确认应收账款和长期应收款等支付证书中记录的相关数据，并进行账务处理；复核坏账准备、长期应收款、长期应付款折现、资产减值损失，并进行账务处理。

7.总账稽核员的岗位职责

熟悉成员单位主营业务，关注会计账套各项记录；全面负责成员单位会计账套中总账、明细账及会计记录的合法性和合规性，控制审计风险，协助会计主管完成成员单位的期末关账工作。

8.报表管理岗的岗位职责

负责成员单位的会计报表编制，审核报表数据的准确性、真实性；协助成员单位财务主管与客户核对往来账目，配合成员单位完成内外部审计，配合上级及各主管部门完成检查工作。

9.费用核算岗位的岗位职责

负责备用金、个人借款、其他应收应付款等非合同关系形成的往来业务的核算；负责其他直接费用、间接费用、管理费用、财务费用等审核和核算工作；对各成员单位经济业务原始凭证的合法性、合规性进行有效审核；负责每月与各成员单位劳资部门对账；按照报表节点时间及时催促成员单位传递费用类相关单据，并及时入账；负责日常费用报销的审核；每月月底负责分摊、结算相关费用；保管财务部所用发票、收据，保管有关的文件、合同等。

10.薪酬核算岗位的岗位职责

负责成员单位各类薪酬业务的会计核算工作；督促成员单位及时支付职工薪酬、计提五险一金等，并要求成员单位及时传递薪酬类单据；及时处理此类业务的核算，保证各会计期末数据准确；负责各成员单位月末工资、奖金、福利费等分配工作等。

11.材料核算岗位的岗位职责

熟悉成员单位材料采购合同；负责材料类成本费用票据稽核；负责原材料、周转材料、半成品及产成品等的收、发、摊销的核算，并与物资部门核对物资动态表；要求成员单位及时传递材料成本相关单据，及时入账，避免成本截止性差异；负责成员单位内部材料物资调拨等往来业务的核算，定期检查成员单位周转材料、正确核算周转材料、协助成员单位进行材料成本分析等。

12.协作施工核算岗的岗位职责

熟悉成员单位劳务分包合同；负责协作单位分包计量（包括暂估计量）的复核与核算工作；复核成员单位分包结算资料的完整性、合法性；要求成员单位及时传递成本的相关单据，并及时入账，避免成本截止性差异，协助成员单位进行分包成本分析等。

13.船机核算岗位的岗位职责

熟悉成员单位设备租赁和采购合同；负责结算资料、船机发票的复核工作和核算工作；要求成员单位及时传递船机成本相关单据，并及时入账，避免成本截止性差异；协助成员单位做好固定资产管理，审核固定资产购买手续；做好固定资产新增、调拨、报废的核算工作，负责固定资产折旧的计算及账务处理工作；协助成员单位进行成本分析，做好内控管理工作等。

14.运营管理岗的岗位职责

负责财务共享服务中心的运营质量和绩效管理，修订及执行财务共享服务中心相关的制度体系、业务流程；建立规范、高效的运营管理体系并逐渐优化完善；制定财务共享服务中心运营标准并监督实施；制定财务共享服务中心运营指标、年度发展计划，推动并确保运营指标的顺利完成；协调各部门的工作，建设和发展优秀的运营队伍。

15.档案管理岗的岗位职责

接收各个会计主管移交的会计档案，按照档案管理要求对各成员单位会计档案进行整理归档并按要求登记；做好档案资料保管，配合完成会计档案移交；完善档案借阅、借用等审批手续，经办会计档案借阅等工作。

16.管理优化岗的岗位职责

在分管领导的领导下，参与财务共享服务中心的信息化管理与实施工作，熟悉财务共享服务中心各信息化软件的操作与系统管理，根据业务特点梳理现有的流程及标准并提出改进意见；根据研讨后的改进意见，进行试点试运营并完善，推广及监督标准化、流程化的管理方式及业务规范；收集财务共享服务中心工作过程中出现的问题、意见、建议，并积极提出改进意见。

17.财务信息化岗的岗位职责

在分管领导的领导下,具体实施财务共享服务中心的信息化管理与实施工作,熟悉财务共享服务中心各信息化软件的操作与系统管理;根据运行需要组织系统运用的培训工作,解决财务共享服务中心信息化系统日常运行过程中出现的问题;负责财务共享服务中心员工的岗位授权,维护授权信息台账;收集信息化系统出现的问题、意见、建议,并报上级主管部门。财务共享服务中心需要配备优质的会计人员,以保障财务服务共享中心的顺利运作。会计人员要专业知识过硬,熟知相关政策和流程,具备较强的沟通协作能力,还要有较强的责任心。

四、财务共享服务中心的人员配置

(一)配置人员需遵循的原则

第一,以现有业务量为基准,兼顾业务的稳定过渡,同时考虑相关业务集中后的效率提升。

第二,按照各项业务处理的要求和特点,采用不同的测算方法。

第三,共享初期因业务模式的改变会对企业员工及财务部的账务处理效率产生一定的影响,应尽量按照人员对岗位的熟悉度进行配置。

第四,财务共享服务中心运营初期,为保证稳定过渡、风险可控,建议考虑一定的人员储备。

第五,财务共享服务中心运行稳定后,财务会计人员的工作效率有所提高,后期可根据人员及业务情况进行岗位调整。

(二)对人员需求的测算

1.需求测算的前提

财务共享服务中心人员的编制测算方法可以实现对各个岗位所需要的人员数量进行分析。对于财务共享服务中心人员的需求测算,需要重点考虑以下两个前提:

第一,信息系统前提。财务共享服务中心的运作,需要依托电子报账系统、电子影像系统及核算系统来完成。电子报账系统用于各单位进行统一报账,可与电子影像系统和核算系统无缝对接，实现上传后的影像图片自动匹配电子报账单，并自动生成会计凭证。另外，电子报账系统还可按照业务类型随机推送审核任务。电子影像系统可上传单据影像，供财务共享服务中心会计人员提取并进行财务审核。若此类信息系统无法满足需求，就会对财务共享服务中心的工作效率产生较大的影响，此时就需要考虑人员扩招。

第二，人员技能前提。人员测算是基于相关人员技能能够达到可独立顺畅操作的水平测算人员数量。

2.需求测算的方法

基于岗位业务性质的不同，通常采用三种需求测算方法：业务分析法、数据测算法和对标评测法。

业务分析法是基于业务性质的特点，结合现有管理人员及业务人员的经验进行分析评估，最终确定人员编制数量的方法。此方法适用于难以进行精确数据测算，且难以取得同口径对标数据的项目。适用业务分析法进行测算的岗位有部门负责人、科室负责人、总账会计、税务会计、往来会计、报表会计等。

数据测算法是通过实测的方法确定一类标杆业务的业务处理时间，其他业务与标杆业务之间的关系通过多人评估并取平均值的方式进行确定。在确定业务量和工作效率的基础上，确定人员编制。此方法适用于能取得可靠业务量数据，并能够对单笔业务量所用时间进行测量的项目。

对标评测法是对于无法进行数据测算的业务，优先考虑选取相同或相近口径的其他单位的业务进行对标，并在此基础上进行估测。与数据测算法相比，对标评测法虽不够精确，但仍具有较高的参考价值。适用对标评测法进行测算的岗位有运营管理岗、服务支撑岗、信息系统管理岗等。

财务共享服务中心成立初期，人员来源主要有两方面：内部抽调和社会招聘。内部抽调可以从纳入财务共享服务中心的单位现有财务人员进行抽调，此部分人员对于公司原有业务流程比较熟悉，可以更快地成长为财务共享服务中心的业务骨干。社会招聘可以考虑招聘在财务共享服务中心工作过的财务人员，可以借助此部分人原有的财务共享服务中心的工作经验，更快更稳定地度过财务共享服务中心成立之初的过渡期。

在财务共享服务模式下，对财务人员的要求不再像从前那样全面，每位财务共享人员只需完成整个业务处理中的一个或某几个环节，如同工业化的流水线，降低了对流水线上的员工的要求，即使是刚毕业的大学生也能胜任。在大量节省人力资源及人力成本的同时，保证了操作的准确性和可靠性，明确了个人责任，有助于员工的绩效考核。

第四节 财务共享服务中心的办公选址

一、财务共享服务中心选址考虑的因素

从国际经验来看，财务共享服务中心的办公选址将直接影响财务共享及投资回报率，且影响业务执行效果。将财务共享服务中心的办公地点设立在哪个国家或城市，是一个相当复杂的问题，需要考虑许多因素并在这些因素之间进行平衡。从总体上看，选址受制于中心定位、运营模式、长远战略、企业规模等多个因素。具体来看，选址受制于成本效益、高素质人才的数量、工资水平、通信网络、税收法律及其他法规的灵活性等因素。这些具体因素的考虑取决于总体因素的考虑。

如果建设财务共享服务中心的主要目的是降低成本，从中获得收益，选址时就会更多地考虑人力成本和运营成本等成本因素。其中，对于人力资源的成本要求也很低，不会过多投入。如果追求财务共享服务中心带来的业务服务质量，则会产生较高的人力资源成本。需要注意的是，事实上不存在能够符合所有选择标准的办公地址，所以在决策过程中应进行排序，选择其中最适合的即可。地震、飓风、洪水等自然灾害都有可能引起业务中断，在选址时也必须加以考虑。

总的来说，财务共享服务中心的选址可以从城市环境因素和企业内部因素两个角度进行考察：在城市环境因素下，我们可以重点考察人力资源、基础建设和经济环境三个方面。人力资源方面，需要考察当地人才的专业技能、教育水平、流动性、人力成本，在基础建设和经济环境方面需要考察房产价格、自然环境、通信成本和通信质量。国内很多企业自建的财务共享服务中心在城市选址上和服务外包的产业集群有很多相似之处，两者相互依存，在人才交流上能够互为补充。

如果选址决策并不适合企业自身，会带来各种问题，如用人困难、运营成本高等。选址在财务共享服务中心的方案设计中是比较重要的一环。先要按地域划分或按流程划分，确定后，要考虑是建立在总部所在的城市还是其他城市，不同的选择利弊是什么。在选址前，要先决定是建立一个财务共享服务中心还是多个财务共享服务中心，在真实的案例中，企业的选择是多样的。不同的考虑因素会形成不同的决定。尤其在当前，房

产价格的影响尤为突出，办公室的成本固然很关键，但更重要的是员工能否在当地买得起房子，这是影响团队稳定性的重要因素。另外一种比较常见的是总部式选址，即将财务共享服务中心建设在总部所在的城市，这在建设财务共享服务中心初期较为常见，在沟通和管理上都比较方便。

对于财务共享服务中心的选址，还应考虑当地的人文环境、居民的幸福指数，特别是离岸外包业务，还应考虑选择区域对发包方的商业文化熟悉度或相似性。在竞争激烈的大城市，由于财务共享服务中心的工作枯燥单一、重复性高、工资相对不高，在一定程度上会影响员工的稳定性；而在二、三线城市，员工压力相对较小，又能在一定程度上促进员工稳定，也有利于财务共享服务中心的持续与长远发展。财务共享服务中心的选址必须有前瞻性，并取得内部各服务对象及员工的认同，建设初期的效率影响、成本攀升及操作习惯的变化，都将给企业带来阶段性的阵痛。

提前做好全盘规划，保证人力资源的稳定，是财务共享服务中心选址的核心要素。此外，加强人才队伍的培训，可以完善财务共享服务中心的信息安全。人才的培养有利于运行机制的创新。支持和鼓励各类企业与高校共建实训基地，对于推进实用型人才的培养和选址至关重要。

在国内，财务共享服务及财务外包呈现出明显的地域集群趋势。环渤海集群：该集群已形成以北京为核心的中国最大内需市场和以大连为门户的东北亚服务外包中心。长三角集群：中国城市化程度高、经济发展水平高的地区，该地区以上海为核心，依托国际金融商贸中心的优势，发展以金融后台服务为特色的服务外包中心。珠三角集群：依托政策体制先行所积累的经济基础及东南亚文化融合的地缘优势，以广州和深圳为核心，打造"东南亚软件与信息服务外包中心区域"。

落实提升企业核心竞争力的执行力，考察如何通过某种变革方式释放更多的资源，提供更好的见解来支持决策，以及为业务部门提供更优质的服务，这一切都离不开财务共享服务中心初建时信息技术和政府决策的支持。

中西部后发优势：与东部三大产业集群不同，中西部内陆地区尚未形成明显的城市集群，各城市竞争实力相距不大，战略中心型城市缺位。随着服务外包产业在中西部内陆城市的加速推进，中西部服务外包产业集群展现出"围绕中心城市，协同共进发展"的格局，并日益崛起，从而使服务外包产业在有限区域范围内能够形成有梯次、有衔接、完整性强的产业链条，通过合作打造出更为强大的承接大额高端服务外包项目的能力，成都、西安、武汉等均是企业建立财务共享服务中心越来越关注的重要城市。

值得注意的是，企业自第一次选址后，很可能会随着外部环境和企业业务的变化，进行二次选址。

选址不但对企业自身业务有影响，而且会影响供应商和供应链伙伴。随着激励措施的调整和市场的变化，企业应对财务共享服务中心的地址做出新的选择，并梳理当地的政策和自身优势，政府也应对财务共享服务中心的建设加以重视，以政策积极引导，政府的管理策略不能简单借鉴国外先进经验，需要和企业一道发掘属于自己的潜力，理性选择适合企业发展的地址，让财务共享服务中心融入当地的文化，协同发展。

二、财务共享服务中心选址标准

财务共享服务中心地址的确定需要考虑多方面的因素。虽然通过技术可以实现虚拟实体的财务共享服务中心，但是由于财务数据要求严谨性，往往财务类的共享服务中心还是采用固定的地点，并在组织机构上独立于其他的营运机构。地址的选择需要考虑的问题有很多，到底是一个、两个或是多个，设立哪些选择标准并分配多少权重，都需要认真考虑。往往一个财务共享服务中心获得的规模效益最大，对于执行流程的统一也最好。但是一个财务共享服务中心往往较难解决全球的时区差异、语言差异和文化差异带来的问题，而且打破大区划分的管理界限也不容易，在发生灾难时容易因为没有备份体系而使全球流程陷入瘫痪。因此，建立两个财务共享服务中心主要是考虑灾难时的备份。采用多个财务共享服务中心往往是考虑到区域差异和职责差异。同时，选址还要考虑经济因素、战略因素和素质因素等。成本是其中很重要的原因，包括劳动力成本、通信成本和物业成本等。

第三章 财务共享服务中心建设的信息化支撑

第一节 信息技术助力财务共享服务中心建设

一、大数据技术

（一）大数据的概念

大数据是指其大小超出了典型数据库软件的采集、存储、管理和分析等能力的数据集。这一概念主要包含以下两方面的含义：

第一，符合大数据标准的数据集大小会随着时间的推移而发生一定的变化，不是保持不变的。

第二，符合大数据标准的数据集在不同的部门中是存在差异的。大数据的出现彻底打破了各个利益主体之间的信息不对称问题，使得各利益主体之间的联系更加方便，也更加有效率。

（二）大数据的类型

1.传统企业数据

传统企业数据包括传统的 ERP 数据、库存数据和账目数据等。

2.机器和传感器数据

机器和传感器数据包括呼叫记录、智能仪表、工业设备传感器、设备日志和交易数据等。

3.社交数据

社交数据包括用户行为记录、反馈数据等。

（三）大数据的特征

1.数据量大

随着互联网、移动互联网、物联网的发展，每时每刻都在产生大量的数据，当这些数据能够被利用起来后，其价值是不可估量的。而大量的数据要想得到使用，一方面，要解决数据从分散到集中的问题；另一方面，要解决数据的共享安全、道德伦理问题。前者是一个技术问题，而后者是一个社会问题，如果数据失去了安全和道德的约束，衍生出来的社会问题将是一场灾难。

2.数据种类多

数据种类多是指大数据中的数据来自多种数据源，数据的类型和格式逐渐丰富，已打破了以前所限定的结构化数据范畴。现在的大数据包括结构化、半结构化和非结构化数据，数据类型不仅仅是文本形式，还包括图片、视频、音频、地理位置信息等多种形式，其中个性化数据占大多数。

3.处理速度快

快流式数据是大数据的重要特征，数据流动的速度快到难以用传统的系统去处理。举个简单的例子，在网上购物时，会有商品推送，这就是基于大数据技术进行的。如果运算速度较慢，那么从用户登录进去到离开，都不知道该推送什么商品，大数据就没有了意义。因此，处理速度快是让大数据产生商业价值非常核心的一点。

4.数据精度高

数据精度高是指追求高质量的数据。随着社交数据、企业内容数据、交易与应用数据等新数据源的兴起，传统数据源的局限性被打破，企业愈发需要有效的信息以确保其真实性及安全性。

5.价值密度低

价值密度低是指随着数据量的增长，数据中有意义的信息却没有按相应比例增长。数据价值与数据真实性和数据处理时间相关。在大数据时代，很多有价值的信息都是分散在海量数据中的。大数据的价值在于如何分析这些复杂的数据，从而总结出一定的规律，最终提取出其中有用的信息。因此，对于这些数据的加工、分析、处理能力就代表了各个企业的社会竞争力。

（四）大数据的技术框架

在互联网领域，数据无处不在。从数据在信息系统中的生命周期看，大数据从数据源开始，从分析、挖掘到最终获得价值一般要经过六个主要环节，包括数据收集、数据存储、资源管理与服务协调、计算引擎、数据分析和数据可视化，每个环节都要面对不同程度的技术挑战。

1.数据收集层

数据收集层由直接跟数据源对接的模块构成，负责将数据源中的数据实时地收集到一起。数据源具有以下几个特点：

第一，任何能够产生数据的系统均可以称为数据源，如 Web 服务器、数据库、传感器、手环、视频摄像头等。

第二，数据源通常分布在不同的机器或设备上，并通过网络连接在一起。

第三，数据的格式是多种多样的，既有像用户基本信息这样的关系型数据，又有如图片、音频和视频等非关系型数据。

第四，数据源如同"水龙头"一样，会源源不断地产生"流水"（数据），而数据收集系统应实时地将数据发送到后端，以便及时对数据进行分析。

由于数据源具有以上特点，所以将分散的数据源中的数据收集到一起通常是一件非常困难的事情。一个适用于大数据领域的收集系统，一般具备以下几个特点：

（1）可靠性

数据在传输过程中不能丢失（有些应用可容忍少量数据丢失）。

（2）扩展性

能够灵活适配不同的数据源，并接入大量数据源且不会产生系统瓶颈。

（3）安全性

对于一些敏感数据，应有机制保证数据收集的过程中不会产生安全隐患。

（4）低延迟

数据源产生的数据量往往非常庞大，收集系统应该能够在较低延迟的前提下将数据传输到后端存储系统中。

为了让后端获取全面的数据，以便进行关联分析和挖掘，可以将数据收集到一个中央化存储系统中。

2.数据存储层

数据存储层主要负责海量结构化与非结构化数据的存储。在大数据时代,由于数据收集系统会将各类数据源源不断地发送到中央化存储系统中,这就对数据存储层的容错性、扩展性及存储模型等有较高的要求,总结如下:

(1)容错性

考虑到成本等因素,大数据系统在建设之前就假设构建在廉价机器上,这就要求系统本身具有良好的容错机制,确保在机器出现故障时不会出现数据丢失的情况。

(2)扩展性

在实际应用中,数据量会不断增加,现有集群的存储能力很快将达到上限,此时就需要增加新的机器,以扩充存储能力,这要求存储系统本身具备非常好的线性扩展能力。

(3)存储模型

由于数据具有多样性,数据存储层应支持多种数据模型,确保结构化和非结构化的数据能够很容易地保存下来。

3.资源管理与服务协调层

随着互联网的高速发展,各类新型应用和服务不断出现。在一个企业内部,既存在运行时间较短的批处理作业,又存在运行时间很长的服务型作业,为了防止不同应用之间相互干扰,传统做法是将每类应用单独放到独立的服务器上。该方案简单、易操作,但存在资源利用率低、运维成本高和数据共享困难等问题。为了解决这些问题,企业开始尝试将所有应用放到一个公共的集群中,让它们共享集群的资源并统一使用。同时,采用轻量级隔离方案对各个应用进行隔离,因此便诞生了轻量级弹性资源管理平台,相比于"一种应用一个集群"的模式,引入资源统一管理层可以带来众多好处,概括如下:

(1)运维成本低

如果采用"一个应用一个集群"的模式,则可能需要多个管理员管理这些集群,进而增加运维成本,而共享模式通常只需要少数管理员统一管理多个框架。

(2)资源利用率高

如果每个人都应用数个集群,则往往由于应用程序数量和资源需求的不均衡,使得在某段时间内有些应用的集群资源紧张,而另外一些集群资源空闲。共享集群模式通过多种应用共享资源,使得集群中的资源得到充分利用。

（3）数据共享

随着数据量的暴增，跨集群间的数据移动不仅需要花费更长的时间，而且硬件成本也会大大增加，而共享集群模式可让多种应用共享数据和硬件资源，这将大大减少数据移动带来的成本。

在构建分布式大数据系统时，为了避免重复开发一些功能，通常会构建一个统一的服务协调组件，将开发分布式系统的过程中通用的功能全部包含在内。

4.计算引擎层

计算引擎发展到今天，已经朝着"小而美"的方向前进，即针对不同应用场景，单独构建一个计算引擎，每种计算引擎只专注于解决某一类问题，进而形成多样化的计算引擎。计算引擎层是大数据技术中最活跃的一层，直到今天，仍不断有新的计算引擎被提出。总体来讲，可按照对时间性能的要求，将计算引擎分为三类：

（1）交互式处理

该类计算引擎对时间的要求比较高，一般处理时间为秒，这类系统需要与人进行交互。

（2）批处理

该类计算引擎对时间的要求最低，一般处理时间为分钟或小时，甚至是天。它追求的是高吞吐率，即单位时间内处理的数据量尽可能大，典型的应用有搜索引擎构建索引、批量数据分析等。

（3）实时处理

该类计算引擎对时间要求最高，一般处理延迟在秒以内，典型的应用有广告系统、舆情监测等。

5.数据分析层

数据分析层直接与用户应用程序对接，为其提供易用的数据处理工具。为了让用户分析数据更加容易，计算引擎会提供多样化的工具。在解决实际问题时，数据科学家往往需要根据应用的特点，从数据分析层选择合适的工具，大部分情况下，可能会结合使用多种工具，典型的使用模式是：先使用批处理框架对原始海量数据进行分析，产生较小规模的数据集，在此基础上，再使用交互式处理工具对该数据集进行快速查询，以获取最终结果。

6.数据可视化层

数据可视化技术指的是运用计算机图形学和图像处理技术,将数据转换为图形或图像在屏幕上显示出来,并进行交互处理的理论、方法和技术。它涉及计算机图形学、图像处理、计算机辅助设计、计算机视觉及人机交互技术等多个领域。数据可视化层是直接面向用户展示结果的一层,由于该层直接对接用户,是展示大数据价值的"门户",因此数据可视化是极具意义的。

(五)大数据带给企业的挑战

1.处理大数据的技术挑战

企业在处理大数据时会遇到以下几种挑战:

(1)大数据的去冗降噪技术

企业所收集到的大数据大都来自各个方面,源头非常复杂,这就对企业的去冗降噪技术带来了极大的挑战。

(2)大数据的直观表示方法

目前,很多大数据的表示方法并不能很直观地展示出其具有的意义,所以随着社会的不断发展,需要探索出更好的大数据表示方法。

(3)大数据的存储技术

大数据的存储技术既对数据分析的效率有较大的影响,又对存储所需的成本具有重要影响。

(4)大数据的有效融合

数据不整合就发挥不出大数据的大价值。大数据的泛滥与数据格式有很大关系。

(5)大幅度降低数据处理、存储和通信能耗的新技术

大数据的获取通信、存储、管理与分析处理都需要消耗大量的能源。

2.运用大数据技术的挑战

在大数据时代,传统开发工具已经不能适应时代的发展,大数据管理及处理能力引领网络发展,社会计算引起应用模式的变革,新的工业革命正在以一种全新的形式悄然进行。目前,在运用大数据技术方面存在一些挑战,主要包括以下几个方面:

(1)收集数据

目前,在网络上有大量的数据,有时收集一些数据比较容易,但数据收集之后一定

要采取一定的方式去伪存真，留下最可信的、最有价值的数据。

（2）数据存储

在数据存储方面，要想做到低成本、高可靠性，就必须运用一定的技术手段对数据进行分类处理，通过去重等操作，减少存储量，还可以加入一些便于检索的标签。

（3）数据处理

有些行业的数据参数非常多，其复杂性体现在各个方面，难以用传统的方法去描述和度量，所以在数据处理方面会存在很多困难，需要将多媒体数据降维后度量与处理，利用上下文关联进行语义分析，从大量动态且可能是模棱两可的数据中综合信息，导出可理解的内容。

（六）大数据时代对财务数据的影响

1.大数据时代财务数据的新特征

大数据时代财务数据的新特征主要包括以下几个方面：

第一，财务数据的来源从以"结构化"数据为主导变更为以"非结构化"数据为主导。

第二，财务数据的价值从简单的"数据仓库"转变为"深度学习对象"。

第三，财务数据具有实时更新的新特征，更多的时候体现为一种动态的"流数据"形式，这就要求企业在处理会计数据时形成"流处理"的思想。

第四，财务数据处理由原来的集中式向分布式转变。

第五，财务数据输出形式由图表化转向可视化。

2.财务数据新特征产生的新要求

第一，大数据时代影响财务数据处理方式。随着大数据时代的到来，企业在财务处理方法上应突破劳动密集型的数据处理方式，充分利用新科技，搭建一个灵活、便捷、可扩展的信息数据平台。

第二，要注重对获得的财务数据的深入学习，满足信息使用者的个性化需求。随着财务数据从"数据仓库"的简单角色中转变出来，企业财务人员应当意识到其在处理财务数据时，已经由被动使用转换为主动挖掘价值。

（七）大数据对财务信息质量的影响

1. 对相关性的影响

相关性原则要求财务信息能够满足信息使用者的决策需求，而财务信息提供者要充分考虑用户的个性化需求。在大数据时代，财务信息处理速度在随之增快，这意味着财务信息使用者能够在相同的时间内获得更多的信息。因此，如何识别相关信息及对相关信息进行取舍，是衡量财务信息素质的重要因素之一。

2. 对真实性的影响

大数据时代的到来意味着大数据资源成为企业的数据资产。然而，数据资产尚属新兴事物，在立法层面仍落后于实践。同时，单纯以货币为主的计量已经不能满足大数据时代的需求。如何对大数据资产进行计量，这将是大数据时代财务工作者所要面对的挑战之一。

二、云计算技术

（一）云计算的概念

云计算是网格计算、分布式计算、并行计算、效用计算、网络存储、虚拟化、负载均衡等传统计算机技术和网络技术发展融合的产物。云计算将计算从用户终端集中到"云端"，是基于互联网的计算模式。按照云计算的运营模式，用户只需关心应用的功能，即各取所需，按需定制自己的应用。最简单的云计算技术在网络服务中已经随处可见，如搜索引擎、网络信箱等，使用者只要输入简单指令就能获得大量信息。

（二）云计算的特点

云计算具有显著的特点，主要包括以下几个方面：

1. 虚拟化

虚拟化是将底层物理设备与上层操作系统、软件分离的一种去耦合技术，它通过软件或固件管理程序构建虚拟层并对其进行管理，把物理资源映射成有逻辑的虚拟资源，其目标是实现IT资源利用效率和灵活性的最大化。

2.动态性

云计算平台能够监控计算资源，并根据已定义的规则自动地平衡资源的分配。

3.超大规模

"云"一般具有相当大的规模，如谷歌云计算拥有100多万台服务器，微软、雅虎等的"云"均拥有几十万台服务器。企业私有云一般也有成百上千台服务器。"云"能赋予用户前所未有的计算能力。

4.通用性

云计算不针对特定的应用，在"云"的支撑下可以构造出千变万化的应用，同一个"云"可以同时支持不同的应用运行。

5.高扩展性

"云"的规模可以动态伸缩，以满足应用和用户规模增长的需要。

6.高可靠性

"云"使用了数据多副本容错、计算节点同构可互换等措施来保障服务的高可靠性，使用云计算比使用本地计算机更可靠。

7.经济性

"云"是一个庞大的资源池，用户可按需购买。"云"的特殊容错措施使得企业可以采用极其廉价的节点来构成"云"；"云"的自动化集中式管理使大量企业无须负担日益高昂的数据中心管理成本；"云"的通用性使资源的利用率较之传统系统大幅提升。

（三）云计算的发展历程

在过去，大量数据的计算需要一台昂贵的大型计算机才能完成，这给数据的高效、即时处理带来了困难。随着计算机和网络技术日趋成熟，到了2000年左右，云计算方才初具雏形。这时，计算的主体转变为分布在各地的计算机集群，一方面降低了成本，另一方面也提高了计算效率和可靠性。随后，各项相对成熟的云服务也开始崭露头角。现在，云计算已经进入了我们生活中的方方面面。云计算一方面可以减少我们使用的设备，让我们轻装上阵；另一方面又可以提高设备的处理性能，这是目前计算机技术和网络技术发展的重要方向之一。

（四）云计算的体系结构

云计算平台是一个强大的"云"网络，连接了大量并发的网络计算和服务，可利用虚拟化技术提高每一个服务器的能力，将各自的资源通过云计算平台结合起来，提供超级计算和存储能力。

1.云用户端

提供云用户请求服务的交互界面，也是用户使用云的入口，用户通过 Web 浏览器可以注册、登录，并进行定制服务、配置和管理用户等操作。用户在使用云计算服务时的感觉和使用在本地操作的桌面系统一样。

2.服务目录

云用户在取得相应权限（付费或其他限制）后，可以选择或定制服务列表，也可以对已有服务进行退订，在云用户端界面生成相应的图标或以列表的形式展示相关的服务。

3.资源监控

监控和计量云系统资源的使用情况，以便做出迅速反应，完成节点同步配置、负载均衡配置和资源监控，确保资源能顺利分配给合适的用户。

4.管理系统和部署工具

提供用户管理和服务，对用户进行授权、认证和登录等管理，对云计算中的计算资源进行管理，接收用户端发送的请求，分析用户请求并将其转发到相应的程序，然后智能地对资源和应用进行部署，并在应用执行过程中动态地部署、配置和回收计算资源。

5.服务器集群

虚拟的或物理的服务器，由管理系统管理，负责高并发量的用户请求处理、大运算量计算处理、用户 Web 应用服务，云数据存储时采用相应数据切割算法实现并行方式上传和下载大容量数据。

（五）云计算的技术层次

云计算的技术层次主要从系统属性和设计思想角度来说明，是对软硬件资源在云计算技术中所充当的角色的说明。从技术角度可将云计算分为以下四部分：

1.服务接口

它统一规定了在云计算时代使用计算机的各种规范、云计算服务的各种标准等,是用户端与云端交互操作的入口,可以完成用户或服务的注册、对服务的定制和使用。

2.服务管理中间件

在云计算技术中,中间件位于服务和服务器集群之间,提供管理和服务,即云计算体系结构中的管理系统。它对标识、认证、授权、目录、安全性等服务进行标准化操作,为应用提供统一的标准化程序接口和协议,隐藏底层硬件、操作系统和网络的异构性,统一管理网络资源。

3.物理资源

物理资源主要是指能支持计算机正常运行的一些硬件设备及技术,用于计算和存储等云计算操作。在云计算时代,本地计算机只需要一些必要的硬件设备,如网络设备和基本的输入输出设备等。

4.虚拟化资源

虚拟化资源是指一些可以实现一定操作、具有一定功能,但其本身是虚拟的而不是真实的资源,通过软件技术来实现相关的虚拟化功能,包括虚拟环境、虚拟系统、虚拟平台。

(六)云计算在财务信息化中的应用可行性

1.经济可行性

伴随着电子化信息技术的逐渐发展,金融业务不断转向电子化平台。在新的电子化业务模式下,传统的银行业务受到了不小的影响。云计算技术的发展,为银行财务信息化发展提供了技术支持。

2.技术可行性

云计算利用其虚拟化技术和数据中心相关技术使内部的所有数据资源进行统一收集和管理,并能根据需求进行动态部署,再加上其灵活性与稳定性,这些都对银行的业务模式创新提供了有力的支持。云计算还可以将存储的数据资源进行重新分布,把复杂的数据资源重新组合在一起,提供业务服务,能够为银行的系统运行、服务水平提供保障,为银行业和其他行业使用云计算技术给予技术可行性保障。

三、物联网技术

(一)物联网的概念

物联网是指物体通过各种信息传感设备,如射频识别装置、红外感应器、激光扫描器等装置,经由传输网络,实现物与物、人与物之间的自动化信息交互与处理。

(二)物联网的主要特点

1.信息稳定、可靠传输

传感器采集和捕获的数据必须经过传输层进行传递。在传输过程中,必须保证信息的安全性和实效性。

2.全面感知

数据的采集和捕获是物联网的基础。物联网通过传感器实现对"物"的感知,从而获取"物"的信息,物联网的硬件关键技术必须能够反映"物"的特点。根据"物"的特点配置不同类型的传感器进行感知。传感器具有实时性的特点,必须时刻对运动的"物"进行信息的捕获。

3.智能处理信息

物联网的终极目标是"智慧地球"。通过将其装置在各类物体上实现物体与物体之间的沟通和对话,使智能技术应用到生活的各个方面。

(三)物联网的体系结构

物联网的体系结构包括网络接口层、网络层、传输层、应用层。

1.网络接口层

网络接口层负责完成信息的采集和捕获,对信息进行有效的融合和压缩。网络接口层所采用的传输介质主要有无线电波、光波、红外线等。

2.网络层

网络层主要负责异构网络的互相通信,优化网络主机与物联网节点之间的无缝连接通信。网络层是物联网的神经系统,需根据网络接口层的业务特征,优化网络特性,建立一个端到端的全局物联网络。

3.传输层

传输层主要负责数据流的传输控制。

4.应用层

应用层为终端用户提供特定的服务，实现信息存储、数据挖掘、应用决策等，涉及海量信息的智能处理、分布式计算、中间件、信息发现等多种技术。

（四）物联网应用的三项关键技术

1.传感器技术

传感器技术是计算机应用中的关键技术。到目前为止，绝大部分计算机处理的都是数字信号，这就需要传感器把模拟信号转换成数字信号，并交给计算机处理。

2.RFID技术

RFID（Radio Frequency Identification，射频识别）技术是一种传感器技术，是融合了无线射频技术和嵌入式系统技术的综合技术。RFID技术在自动识别、物流管理上有着广阔的应用前景。

3.嵌入式系统技术

嵌入式系统技术是集计算机软硬件、传感器技术、集成电路技术、电子应用技术于一体的复杂技术。

（五）物联网与财务信息化

1.物联网对外部财务工作环境的影响

（1）物联网对社会生产方式产生的深刻影响

物联网技术的发展使得人与人、物与物及人与物之间形成了一个庞大的信息系统。通过这一系统，人们能够随时随地地选择自己出行的路线，对家中的事务有全方位的掌控；通过这一系统，政府部门能对城市道路的交通等进行有效管理。

（2）物联网对社会生活方式产生的深刻影响

国际电信联盟曾在一份报告中这样描绘物联网技术对人们生活的影响：当驾驶员出现操作失误时，汽车会自动报警提醒；日常携带的公文包会及时告诉主人需要携带的物品；衣服会根据面料和干净程度告诉洗衣机所需要的洗涤模式和洗衣液的用量。凡此种种，看似不大可能，但随着物联网技术的发展，这些都将有实现的可能。

2.物联网对内部财务工作环境的影响

第一，推进企业组织结构扁平化。

第二，促进企业内部各职能部门之间的协调。

（六）物联网技术推动财务信息化

物联网技术推动财务信息化主要表现在以下几个方面：

第一，解决了数据源问题。

第二，真实地反映企业的经营状况。

第三，促进企业内部控制。

四、人工智能技术

（一）人工智能的概念

人工智能是研究、开发用于模拟、延伸和扩展人的智能的理论、方法、技术和应用系统的一门技术科学，它不仅试图理解智能实体，而且试图建造智能实体。人工智能最重要的一环就是让机器拥有思维认知，即人类智能。换句话说，人工智能就是让机器或是人所创造的其他人工方法或系统来模拟人类智能。人工智能的概念较为宽泛，按照人工智能的实力可大致将其分成三大类：第一类，弱人工智能，指仅擅长某个方面的人工智能，如只会下象棋，可以战胜象棋世界冠军的人工智能；第二类，强人工智能，指在各方面都可达到人类级别，能和人类一样得心应手地去从事脑力劳动，是能和人类比肩的人工智能；第三类，超人工智能，指在科学创新、通识和社交技能等几乎所有领域都比人脑聪明、都可超越人类大脑的人工智能。

目前，对人工智能的研究不仅包括基于同一目标的分布式问题求解，而且还包括多个智能主体的多目标问题求解，进而推动人工智能技术快速向实用化方向发展。

（二）人工智能的关键技术

人工智能技术关系到人工智能产品是否可以顺利应用到人们的生活场景中，从语音识别到智能家居，从人机大战到无人驾驶，依托相关技术，人工智能产品在不断升级，在家居、媒体、医疗、金融等行业有着较为成功的应用，人们的生产与生活方式也因此发生了重大变化。人工智能领域包含了机器学习、知识图谱、自然语言处理、人机交互、计算机视觉、生物特征识别、VR/AR（Virtual Reality/Augmented Reality，虚拟现实/增强现实）七个关键技术。

1. 机器学习

机器学习即计算机自动获取知识，是人工智能的一个重要研究领域，一直受到人工智能和认知心理学家的普遍关注。近年来，随着大数据技术的快速发展，企业和机构所拥有的数据量越来越大。为了从浩瀚的数据海洋中发现有用的知识，机器学习受到了企业和学术界的高度重视。

机器学习是人工智能技术的核心，涉及统计学、计算机科学、脑科学等诸多领域，主要研究计算机怎样模拟或实现人类学习行为的方式，从而获取更多的知识或特殊技能，并不断重新组织已有的知识结构，使之不断改善自身的知识结构，提升相关的技能，特别是基于数据的机器学习研究，如何通过观测样本数据寻找相关规律，并对未来数据或无法观测的数据进行进一步预测，进而指导相关的行为。根据学习模式的不同可以将机器学习分为监督学习、无监督学习和强化学习等，根据学习方法的不同可以将机器学习分为传统机器学习和深度学习。

机器学习的研究意义重大，取得重大进展往往意味着人工智能甚至整个计算机科学向前迈进了坚实的一步。对比人类的学习，机器学习具有诸多优势，一方面，人类受教育和学习的过程是一个相当艰苦的过程；另一方面，由于年龄和精力的限制，积累知识较为缓慢，同时无法继承，每一个人都必须从头认识和改造世界，但机器能够不知疲倦地接收信息，并将获得的技巧延续下去，避免大量的重复学习工作，因而使知识的积累速度非常快。因此，对机器学习的研究将有助于加快获取知识、技巧和规律的进程。

2. 知识图谱

知识图谱就是一种语义网络，基于图的数据结构，由节点和边组成，将节点之间用无向边连接，每个节点即为现实世界中存在的"实体"，而每条边即为实体与实体之间的"关系"，本质上是一种由现实世界实体节点和表示不同节点相互关系的边组成的网状知识与数据结构，主要通过节点与边的相互连接描述不同实体之间的概念及其相互关系。通俗地讲，知识图谱就是把所有不同种类的数据与信息节点连接在一起而得到的一个关系网络，具有从不同节点关系的角度去分析问题的能力。

对于知识图谱的构建可以采用自上而下或自下而上的方式。以自下而上的知识图谱的构建为例，通过逻辑的获取设定可以将每一轮的迭代分为三个阶段：信息抽取、知识融合、知识加工。目前，知识图谱通过异常分析、静态分析与动态分析等数据挖掘方法，广泛运用在业界搜索引擎、可视化展示和精准营销等方面，并表现出巨大的优势。此外，知识图谱技术也可用于反欺诈、不一致性验证等公共安全保障领域。

3.自然语言处理

自然语言处理作为计算机科学与人工智能领域中的一个重要方向，主要研究人与计算机之间如何通过自然语言进行有效沟通的各种理论和方法，主要涉及机器翻译、语义理解和问答系统等领域。机器翻译技术是指利用计算机技术特别是基于统计和深度神经网络技术，将一种自然语言翻译成另一种自然语言的技术；语义理解技术是指通过计算机技术阅读，理解文本篇章上下文，进而精准回答与篇章文本相关问题的技术，语义理解技术可进一步提高问答与对话的精确度，未来将广泛运用在自动问答、智能客服等相关领域；问答系统技术是指让计算机可以像人类一样用自然语言实现与人充分交流的技术。

自然语言处理包括自然语言处理技术和自然语言处理资源两方面。自然语言处理技术包括去除停止词、取词根、词性标注、词义消歧、句法分析、命名实体识别及指代消解等，自然语言处理资源包括 Word Net（基于认知语言学的英语词典）等。本质上，就是将自然语言与计算机语言打通，让计算机程序模仿人脑结构的人工神经网络，通过加工处理符号信息来实现语义的理解转换。在信息检索中，常常将自然语言处理技术与自然语言处理资源两者结合运用。研究自然语言处理所涉及的领域有智能语义搜索、问答系统等。

就目前的应用来看，自然语言处理还面临着词法、句法、语义及语音等不同层面的问题，而且语言具有高度复杂性。因此，机器在如此不确定的环境中获得的学习模仿能力还是相对较弱的。

4.人机交互

人机交互指的是计算机与用户之间的交流互动，是人工智能领域重要的外围技术，是与认知心理学、多媒体技术，虚拟现实技术、人机工程学等密切相关的综合学科，主要研究人到计算机和计算机到人的人与计算机之间的信息交换，具体交换内容除了传统的基于智能设备的基本交互和图形交互外，还包括语音、情感及体感等交互技术。

人机交互有三个重要元素，在设计时需要考虑人、交互设备、交互软件。其中，交互软件是整个交互计算机的核心，重点在于对算法的研究；交互设备则是人与计算机之间传递消息的媒介。同时，交互程序的设计还需要在物理层面、认知层面及情感层面进行充分考虑。人机交互一般基于视觉、听觉、触觉三种感官进行设计，所以可以分为四种类型：视觉人机交互、音频人机交互、传感器人机交互、多通道人机交互。

5.计算机视觉

计算机视觉是使用计算机模仿人类视觉系统的科学，使用计算机或摄影机对事物进行识别、跟踪、测量等，并通过模仿人类的视觉系统，让机器拥有信息提取、处理、理解和分析图像的能力。计算机视觉融合了多个领域，如计算机科学（图形、算法、系统等）、数学（信息检索、机器学习）、工程学（自然语言处理、图像处理等）、物理学（光学）、生物学（神经科学）、心理学（认知科学等）。

视觉识别是计算机视觉的关键技术。以图像分类为例，一般情况下，视觉识别利用多层识别方式处理图片：第一层为像素亮度分析层，主要用来识别像素亮度；第二层为边界确定层，根据相似像素的轮廓确定图中的所有边界；第三层则用于识别质地和形状等。经过层层识别之后，对图像进行准确的分类。目前，基于深度学习的视觉识别系统的检测效率和精度都已经有了极大的提高。

计算机视觉技术已广泛运用在无人驾驶汽车、无人机及智能医疗等需要通过从相关图像等视觉信号中提取并处理信息的领域，根据解决的问题不同，计算机视觉可分为计算成像学、图像理解、三维视觉、动态视觉和视频编解码五大类。

6.生物特征识别

生物特征识别技术是指通过对个体生理或行为特征的分析，进而对个体真实身份进行识别与鉴定的智能化身份认证技术。生物特征识别的整个过程通常分为注册和识别两个阶段：注册阶段主要是通过图像及语音传感器采集人体的人脸、虹膜、指纹、掌纹、声纹、步态等多种生物特征信息数据，通过预处理技术对采集的数据进行处理，并提取相应的特征进行存储；识别阶段就是对提取的特征数据与存储的特征数据进行比对分析，完成身份识别、鉴定与认证。通过生物特征识别技术，既可完成一对多的辨认问题，即从存储特征数据库中确定待识别人身份的问题，又可完成一对一的确认问题，即将待识别人信息与存储数据库中特定单人信息数据进行比对进而确认身份的问题。

然而，单一的生物特征识别系统在实际应用中具有局限性，为了提高系统的性能，多生物特征识别开辟了一个新的方向。其主要运用数据融合方法，结合多种生理特征和行为特征进行身份鉴定，进一步提高识别的精确度和系统的安全可靠性。其中，数据融合指的是对多源信息进行有效的融合处理，主要通过数据层、特征层及决策层的融合来做出最优决策。多生物特征识别系统一般可以采用多个同一生物的特征融合和多种不同生物特征的融合两种方式工作。

目前，生物特征识别技术既涉及人脸、虹膜、指纹、掌纹等图像特征，也涉及音质、声纹等多种语音特征。因此，其注册与识别过程既涉及图像处理、机器学习，也涉及计算机视觉与语音识别等多项技术，而这些生物特征识别技术已广泛运用在教育、医疗、交通、刑侦及其他公共服务领域，为生活带来了更多的便利。

7.VR/AR

VR/AR 是以计算机为核心的新型视听技术，在结合获取与建模技术、分析与利用技术、交换与分发技术、展示与交互技术、技术标准与评价体系五个不同的处理阶段技术及其他相关科学技术的基础上，在一定范围内模拟生成与真实环境在视觉、听觉、触觉等方面高度近似的数字化环境，用户只要借助必要的数据获取设备、显示设备、触觉交互设备等智能装备就可实现虚实环境无缝融合，实现与数字化环境中的对象进行全方位智能化与舒适化现场自然交互，甚至相互影响，进而获得近似真实环境的感受和情感体验。

这两种技术为人类带来了不一样的感官体验，可以说，人人都体验到了其中的乐趣。像 VR/AR 这样的新科技已逐渐深入人们的日常生活之中，所以 VR/AR 时代也被称为第三代互联网时代。VR/AR 技术的日臻成熟也带动了大批新的产业的发展，其在各个领域也得到了广泛的应用。

总之，人工智能技术在提高人们的生产效率和生活质量方面显现出巨大的潜力，既可以对传统产业链的生产、消费等经济活动环节进行重构，又可催生出新产品、新模式、新业态，彻底颠覆传统经济下的价值创造模式，重塑整个产业链。与此同时，人工智能技术的发展也将给各国数字经济发展带来巨大的挑战，如对劳动力市场上的供求产生深远影响，可能导致工作岗位替代、传统职业消失、高数字技能员工供给不足，甚至冲击整个就业生态，导致新的政策与伦理道德问题。因此，人工智能技术对人类来说既是机遇又是挑战。人们在享受人工智能技术带来的便利的同时，也应把如何应对发展人工智能可能产生的挑战与问题纳入考虑范围之内。

（三）区块链辅助人工智能

目前，随着区块链和人工智能两大技术的飞速发展，越来越多的人开始将两者放在一起讨论，探讨区块链与人工智能融合发展的可能性。如果说，人工智能是一种生产力，它能提高生产的效率，使人类更快、更有效地获得更多的财富，那么，区块链就是一种生产关系，它可以决定生产力的发展。人工智能和区块链能够基于双方各自的优势实现互补。

1. 区块链与人工智能相互赋能

人工智能应用包含三个关键点：数据、算法、计算能力。人工智能与区块链两者融合，可以在这三点上相互赋能。

（1）数据层面

实际上，分布式并行计算并非仅在人工智能的神经网络领域中使用，在视频处理领域的分布式并行计算相较于串行计算，计算能力更强。因此，分布式并行计算能够很好地服务于图像增强算法，从而提升图像或视频的分辨率。实际上，图像识别技术中的人工智能深度学习所使用的基础架构，也同样来自分布式并行计算对视频图像处理的研究积累。

并行计算相较于串行计算来说，可分为时间上的并行和空间上的并行。时间上的并行是指流水线技术，多线程处理器就属于在时间上实现了并行；而空间上的并行则是指用多个处理器并发地执行计算，也就是核心数的增加。并行计算的目的就是提供单处理器无法提供的性能（处理器能力或存储器），使用多处理器求解单个问题。分布式计算研究如何把一个需要非常庞大的计算能力才能解决的问题分成若干小部分，然后把这些分配给多个计算机进行处理，最后把这些计算结果综合起来得到最终的结果。并行计算和分布式计算两者是密切相关、相辅相成的，分布式并行计算必然会越来越普遍，逐渐发展成主流的计算模式并取代集中式的大型计算机。

分布式算力是为分布式计算提供逻辑运行支持的计算能力输出集合，包含了两大特点，即延展性与冗余性。由于整个逻辑运行被分配到多个不同的参与方当中，因此分配机制的确立确保了整个分布式计算网络可通过不断纳入新的参与方来提高整体的工作效率。此外，冗余性体现在即使有失效节点的存在，在功能上也不会影响整个分布式计算系统的运作，仅能影响一定的处理效率，从而使得整个网络具有较高的容错性。

（2）算法层面

人工智能有助于区块链实现合约智能化。人工智能结合区块链智能合约，将从以下三个层面重塑全新的区块链技术应用能力：

第一，人工智能结合智能合约，可量化处理特定领域的问题，使智能合约具有一定的预测分析能力。如在保险反欺诈应用中，基于人工智能建模技术构建风控模型，通过运营商的电话号码不同排列的数据组合进行反欺诈预测，并依据智能合约的规则进行相应的处理。分布式人工智能从另一个层面看就是一种分布式认知，被动体及其他认知体都是某一认知体学习判断获得反馈的来源，某一个认知体通过一系列被动体做出反应并持续获得反馈与提升。基于人工智能的智能合约能够处理人脑无法预见的金融风险，在信用评级和风险定价方面比人脑更具有优势。

第二，每一个认知体对于一个人工智能系统来说都是在拓展其认知边界，各个认知体系统在本地化的传感器获取与数据分析中进行认知总结，可以提升对整个系统总体性的认知边界能力。如在物联网与车联网场景当中，每一个传感器、车辆都在不同的环境与路况中做出反应，这些反应会成为整个网络所积累的知识，从而自我更新再认知。人工智能的介入让其拥有仿生思维性进化的能力，每一个计算节点都是人工智能认知边界拓展的源泉与动力。就智能合约本身而言，通过人工智能引擎，在图形界面的模板和向导程序的指引下，能够将用户输入转化为复杂的智能合约代码，即生成符合用户和商业场景的"智能协议"。

第三，人工智能不断地通过学习和应用实践形成公共化的算力。当然，人工智能与智能合约的深度结合还需跨过法律和技术两重难关。尽管一些相对简单的合约通常可以将履约自动化，但对于更加复杂的合约，可能还需要人的介入来解决争议。在博弈类AI系统中，由于本身商业属性不强，因此社区化的参与度较高。社区爱好者因有共同的兴趣和研究方向，秉承资源分享的原则，为整个网络系统贡献出自己的CPU资源和设备电力。

（3）计算能力层面

在理想的情况下，随机数生成器的随机性应该是可以被证明且事前无法被预测的，同时，它又是确定且事后能很容易被重现以验证的。P2P（peer-to-peer，个人对个人）网络的节点应该能够在开奖之后验证随机数生成器是否公平，一种可供验证的方式是通过事先公布随机选定的密钥的单向哈希值，在下一个区块产出，密钥被公布之后，参与者可以验证这个哈希值。通过委派给一个中心信任实体，这项工作便可以很容易地实现，但此方法有一个缺陷，任何一个知道密钥的实体都可以通过提交经过挑选的交易来舞弊。因此，中心实体对于其他玩家而言有相对优势，密钥对于他们来说并不是那么随机，他们可以利用这一点。"分布式"意味着一个区块的随机数是由前一轮受托人所提供的密钥产生的，需要相信一个实体能长期持续地保持诚实，无疑是一个严重的缺点。

首先，通过传统 P2P 技术和创新比特币技术相结合，一种颠覆式的全分布式 P2P 网络概念浮出水面，该网络提倡共同的参与、透明的开放、平等的分享、公平的激励理念。在 P2P 网络环境中，成千上万台彼此连接的计算机都处于平等的地位，整个网络不依赖专用的集中服务器。网络中的每一台计算机既能充当网络服务的请求者，又能对其他计算机的请求做出回应，提供资源和服务，系统能根据用户提供的资源多少奖励相应的数字货币。

其次，在商业模式清晰的 AI 应用当中，分布式算力的瓶颈还在于有效的经济激励机制的施行，而比特币及其底层的区块链则为分布式算力资源的激励提供了启发性的指导。在人工智能的自动驾驶、智能语音、图像识别等应用场景中，由于 AI 系统本身的商业价值，目前的算力投入仍然被限定在由某个企业或组织来集中进行，并售卖 AI 系统价值的服务。服务端与客户端分离的结构，导致企业在算法与算力当中付出了高额的投资，而客户端则承担高昂的服务使用费。由于商业组织模式的边界限制，即使使用了分布式算力的终端，也往往仅支持某个企业所生产的设备。因此，中心化的模式并没有很好地完成资源的有效分配。

最后，区块链通过奖励数字代币激励用户分享算力，以维持整个网络稳定的机制，而同样的机制也适用于人工智能领域的分布式计算，也只有将区块链与分布式计算相结合，才能够将虚拟化的算力资源通过利用区块链分布式账本的安全可信、私钥自管、可追溯特点构建为有价值的数字资产。虚拟化资源将能够通过区块链数字资产的计价得到更为合理而高效的分配，而作为人工智能进化动力重要组成部分的算力也将从广大的分布式设备中被进一步挖掘与利用。

2.区块链与人工智能技术的深度融合

人工智能的发展需要算力的支持，数据是"喂养"机器学习的资料。分布式计算和云算力的进一步发展，使得企业能以较低成本获得算力。随着物联网设备的增加和互联网的深入发展，数据的规模和类型也越来越多。但是，伴随着数字化社会的形成，安全、隐私和伦理问题逐渐产生，引起了人们的广泛探讨。

（1）分布式自治保障人工智能数据安全

认知计算的成功并不以图灵测试或模拟人类的能力作为判断标准，它的标准更加实际，贴近每个人的生活。因此，在人工智能大规模落地之前，数据安全和隐私问题亟待解决。社会公众只有相信人工智能技术能够给人类带来的安全利益远大于伤害，才能发展人工智能。因为人工智能的发展伴随着越来越多的个人数据被记录和分析，而在这个过程中保护个人隐私、明确数据的所有权和使用边界是增加社会信任的重要条件。

人工智能模式可将多台设备连在同一个网络上，在遭受黑客攻击时相关联的部分可能都会被控制，造成恶劣影响。运行在区块链上的人工智能更可能聚合大量数据和模型，极易成为黑客攻击的目标。在区块链上存储原始数据和文件的哈希表，通过哈希算法来验证其他拷贝，并将结果与区块链上存储的数据进行对比。由于区块链上的数据储存在百万计的节点上，任何数据篡改都会被及时发现。另外，此类技术还可以应用在对透明度、细粒度数据要求高的领域，如医疗行业。医疗机构需要处理大量的敏感数据，极容易成为黑客攻击的目标。区块链技术可以在跨机构验证、分享病人完整数据、生成不可篡改的治疗流程数据账本记录、维护临床试验采集数据的完整性上发挥作用。

分布式存储系统也可为区块链上的数据安全提供解决方案，使用以太坊区块链和星际互联文件系统来注册和解析域名。利用区块链存储 DNS（Domain Name System，域名系统）条目，可提高安全性。公开透明的分布式 DNS，将使任何单一实体几乎不可能随意操纵条目。区块链技术可消除与 DNS 读取相关的网络费用，只会增加更新条目的成本，有利于解决互联网基础设施的压力，这也意味着可以消除传统 DNS 的冗余。

区块链具有数据加密、不可篡改、来源可溯的特点。作为安全的分布式自治网络基础设施有望成为下一代互联网。未来，区块链可能改变许多行业的商业模式，使人们从信任一个中介机构转而信任一个不可人为操控的智能合约。在价值互联网上，数据及数据产品可作为所有权明晰的资产流通起来，共享生态将激发创新，从而有利于创造出新的社会价值。人工智能具备自主决策能力，能够调度资源并不断进化，区块链可为其提供发展的土壤，给予 AI 所需要的数据、算法和算力，两者结合将有助于发展出更强大的人工智能系统。

（2）区块链为数据的安全流通搭建桥梁

许多企业通过各种产品收集用户数据，不断迭代产品使其获得用户的青睐。正是因为互联网时代的这种竞争，企业和机构纷纷建立起自己的数据"护城河"。但是，每个企业都希望获得更多的横向数据，从而建立更大的消费者数据库，以更好地指导业务拓展。因此，企业或机构一边希望获得跟业务或用户相关的数据，一边又担心自己的数据泄露。许多企业认为数据共享带来的风险高于回报，所以不愿意提供自己的数据，这就是现有数据交换中心面临的困境。

由于人工智能在算法优化阶段需要投入大量的算力，除巨大的算力投入外，还需要集合全球爱好者的算力资源，来持续为人工智能算法进行优化运算。可见，集合全球人工智能爱好者所共享的分布式算力已经能够为一个单一领域的人工智能算法优化提供强大的支持。例如：深度学习社区与计算机围棋爱好者社区，通过分享各自的CPU（计算机处理器），在深度学习的过程中不断获得算力的输出，对算法持续地进行判断权重的优化。有观点认为，算力的输出实际上集中在算法的优化，实际的运转仅需要少量的算力执行优化过的算法即可，但实际上算法的优化来自反复博弈，每一个算力参与节点都是在不停地进行自我博弈，自我博弈的过程往往使用的是这个节点的本地算力，但过程与结果会在事后向整个网络进行同步反馈，成为整体的学习成果。

（3）区块链加密性保护AI创作版权

人类的大脑是有逻辑和创造力的，逻辑是有序的，而创意和直觉可以是凌乱的。很难预测人是通过什么样的机制达到最佳创作状态的，又是如何激发灵感创作独创性的作品的。在模拟创作方面，人工智能的深度学习算法已经取得突破。在互联网快速发展的今天，艺术家通过数字化工具创作的数字艺术、网络文学作品已经成为传统行业中不可忽视的重要部分，便捷的网络带来了分享和传播的便利的同时也面临着版权的问题。无论是人类创作还是AI创作，这都是无法回避的挑战。

共享到区块链上的数据本身具备资产属性，可以直接交易与变现。区块链可以标记创作的来源和去向，智能合约在开放平台上出售作品使用权时，可以自动完成版税支付并颁发授权许可，对创作者直接形成激励，并可能成为一个数据共享的驱动力。在AI支持下，算法通过学习1~10小时就能模拟出风格鲜明的绘画作品、音乐作品，而消费者可能因为喜爱这种风格而接受此类产品，这就意味着只要研发出一种算法就可能产出大量名家的模仿作品，成为创作市场争相追逐的对象。同时，这将改变艺术、设计、文学、新闻及影视文化等诸多创作行业的版权保护现状，进一步促进文艺行业的全球化传播和数字化发展。

区块链能够为人工智能带来全球规模的数据、算法和算力，助其成为自主进化的高级人工智能。在安全的范围内，可以预见区块链对人工智能应用落地的助力，区块链的分布式和加密性可使个体或机构放下疑虑共享数据，并在授权他方使用中获得收益，这种激励必将促进各行业繁荣兴盛。

（四）人工智能与财务信息化

随着互联网、人工智能及区块链技术的快速发展，我国财务工作也有多条发展路径。智能财务将人工智能技术与财务工作相融合，以优化算法、大数据分析、云计算等高新科技为核心要素，全面赋能财务工作，提升财务工作的服务效率，拓展财务工作的覆盖范围，实现财务工作的智能化、个性化、定制化。智能财务基于不断成熟的人工智能技术在财务工作的应用，逐渐获得财务工作者的认同，其具体应用包括以下几个方面：

1.智能获客

智能获客以大数据为基础，通过数据分析和特征提取技术对财务服务用户进行画像，并通过建立不同需求的响应输出模型提升获客效率。对于垂直创业企业来讲，获客成本至关重要。随着互联网的快速发展，市场流量竞争愈演愈烈，流量获取成本大大提高，严重限制了中小型企业的发展。智能获客通过人工智能技术进行场景创新，形成了新型的低成本获客模式，该模式主要是将智能技术与产品运营相结合，而不是粗暴的流量买卖，可以帮助中小型企业提高获客效率和精准度。在智能获客方面，区块链技术可以更准确地提供用户信息画像，为用户提供准确的匹配服务，提高业务效率。尤其是对于目前的互联网财务工作来说，更是获益匪浅。

2.大数据风控

大数据风控是指结合大数据分析、云计算、智能分析算法，搭建反欺诈、信用风险评估模型，多维度、全方位地控制财务工作的操作风险，即通过海量数据优化风险评估模型的方法找到模型最优配置参数，从而对借款人进行风险控制和风险提示，同时避免资产损失。传统的风控技术多由各机构自己的风控团队以人工的方式进行控制，但随着互联网技术的不断发展，传统的风控方式已不能支撑机构的业务扩展。在风险控制方面，区块链技术可以提高风控数字模型的准确性，提供更有效的风控服务。而大数据对多维度、大量数据的智能处理，批量标准化的执行流程，更能满足信息时代风控业务的发展要求。

3.智能投顾

智能投顾是指基于大数据和算法能力，对用户与资产信息进行标签化的精准匹配。智能投顾又称"机器人理财"，是基于客户自身理财需求，通过数据分析和搜索算法提供更加科学精准的理财顾问服务。根据投资者提供的风险承受能力、收益预期目标及个人风格偏好等要求，运用一系列智能匹配算法及投资组合优化理论模型，为用户提供最终的投资参考，并根据市场的动态对资产配置再平衡提供建议。智能投顾可以利用区块链技术进行数据存储和处理，在确保数据完整性和安全性的同时，利用分布式网络结构实现数据并行处理，以此提高数据的安全性和处理效率。目前，智能投顾主要包括智能选基金、智能调仓、智能服务等业务。

第二节 财务共享系统总体框架

  财务共享服务中心是一个建立在 ERP 系统基础之上的业务、财务数据存储及处理信息的中心。企业通过 ERP 系统将其分布在各个单元的零散的财务及数据整合在共享中心，进行标准化和规范化处理，从而达到提高业务处理效率、低流程重复率的效果，帮助企业精简业务。同时，企业根据财务共享服务中心存储的数据及标准化流程，不仅能够加强对下属运营单元的管控，还可以进一步延伸业务，降低运营成本，实现业财一体化，提升业务处理的能力及效率，为企业经营管理及管理决策提供更好的服务。

  业财一体化指的是财务共享服务中心利用其信息化平台，连接包括项目管理、人力资源、供应链、OA（Office Automation System，办公自动化系统）、资产管理、成本管理等系统在内的业务系统，通过制定标准化规则，将业务数据推送到共享中心统一入口。其中，业务部门审批、控制在业务系统中完成；财务审批、支付、收款等在财务共享服务中心中完成。这样做可以减少重复的信息录入，保证工作留痕，增加系统的控制点。通过业务流程和权限管理，每种业务数据都被推送到对应业务组处理，并统一形成总账凭证、收支结果、对外披露报表等。

一、财务共享信息化框架

相较于以管控为主的一般财务共享信息系统，财务共享的 ERP 系统更加强调业财一体化。其工作流程不再是以报账为起点，而是以业务为驱动，将管控前移，即先有业务后有财务。业务数据推送生成报账单，为财务数据来源提供依据，方便追溯联查，强调横向的一体化管控，其信息化更加注重与业务系统集成，在原有集团财务及 ERP 系统的基础上，建立财务共享服务平台与业务系统的横向连接，包括由业务系统发起报账流程及从报账系统追溯业务单据，提供全价值链的财务管理服务。

企业通过对制度、流程的梳理，规范了从业务到财务，包括业务中心、成本中心、资金中心、税务中心、财务共享服务中心在内的标准化的业务作业流程。企业依据真实的业务数据反映其经营情况，达到业务与财务的高效协同。业务与财务一体化，有助于业务部门与财务部门明确权责，规范业务过程，规避运营风险，真正做到在一个平台上实现业财融合。

除 ERP 系统之外，财务共享服务中心信息系统的建设还有赖于五大平台的运作与实施，即网上报账平台、业务操作平台、运营管理平台、运营支撑平台、资金结算平台。五大平台与企业内部的 ERP 系统无缝连接，帮助企业构建完整的财务共享信息系统的整体框架，有助于企业精简运营和管理，真正实现财务业务的信息化落地。

在五大平台中，网上报账平台将企业报账支付数据电子化，利用信息技术再现原始业务活动，为每笔支出建立单独的审计线索；业务操作平台实现工作池分配任务、业务单据及凭证的审核审批、资金支付、实物及电子档案管理等；运营管理平台包括作业管理、质量管理、绩效管理，实现按业务类别自动分配任务，支持对作业任务的质量管理、绩效管理及对员工和组织运营 KPI 指标实时分析的绩效看板等；运营支撑平台主要对财务共享服务中心的业务开展和运营进行基础的管理，包括共享中心的定义、作业规则管理及共享中心服务参数定义等；资金结算平台通过参数配置满足不同企业报账、结算、线上支付的一体化管理。利用网上报账平台、业务操作平台及资金结算三大平台系统，实现完整地从费用申请到生成凭证，再到结算完成的全过程管理。

通过这套完整的信息系统总体框架，企业能够建设信息化的财务共享服务中心，从而提升企业财务业务的处理效率及质量，改变原有的财务职能定位，创新财务管理模式，充分发挥财务共享服务对基础财务核算业务的监控和指导作用,提升企业财务业务管理水平。

二、ERP系统是财务共享的重要支撑

ERP系统建立在信息技术的基础上,集信息技术与先进管理思想于一体,是建设财务共享服务中心的核心手段。企业ERP系统是以系统化的管理思想为出发点,为企业员工及管理层提供决策手段的管理平台,它实现了企业内部资源和企业相关外部资源的整合,通过软件和平台把企业的人、财、物、产、供、销及相应的物流、信息流、资金流等紧密地结合起来,实现资源优化和共享。财务共享服务中心的ERP系统跳出了传统企业边界,从供应链范围去优化企业的资源,优化了现代企业的运行模式,反映了市场对企业合理调配资源的要求,对于改善企业业务流程、提高企业核心竞争力具有显著作用。

现阶段,企业的ERP系统由许多模块构成,其中主要包括财务核算、资金管理、供应链、生产制造等多个方面。

(一)财务核算

总账处理适用于各行业的企业、行政事业单位的业务处理,可满足大中型企业深化内部管理的需要,完成复杂的财务核算及管理功能,主要包括初始建账、凭证处理、出纳管理、账表查询、正式账簿、月末处理等。

(二)资金管理

资金管理主要包括基础数据、账户管理、内部网银、资金结算、内外借贷、票据管理等,可以将资金集中管控思想有机融入各个业务处理的流程和环节,实现对整个集团多方面的管理。

(三)供应链

供应链管理是计划、组织和控制从最初原材料到最终产品及其消费的整个业务流程,这些流程连接了从供应商到顾客的所有企业。

（四）生产制造

生产制造管理为企业提供了全面的生产计划、细致有序的车间管理和快捷简便的成本核算系统，帮助企业理顺生产管理，解除后顾之忧。

虽然 ERP 系统包含多个子系统和多个模块，但财务系统处于中心地位。财务系统模块与 ERP 系统的其他模块搭建相应的接口，将专业的财务知识隐藏到业务的背后，生产、采购和业务处理都是和现实十分贴切的真实业务。业务人员录入的信息会自动计入财务模块生成会计分录，取消了传统会计核算软件需会计二次输入凭证的工作流程，同时把物流、供应链、人力资源等事务和资金流有机地结合起来，形成先进的财务管理信息系统，构成一个大规模、高级的集成模块。

财务共享服务中心的建设离不开 ERP 系统的支持。财务共享系统所提倡的速度、信息、透明等理念正是 ERP 系统的核心优势。财务共享服务中心需要以 ERP 系统为基础，从中剥离出会计基础核算、工资核算、收支核算等日常业务，以建设自身。在没有财务共享服务中心之前，ERP 系统直接与外部环境联系，缺乏标准化和规范化的流程处理，容易导致内部工作重复、组织结构混乱等状况。而建立之后，财务共享服务中心可以利用其信息化平台，以互联网及云计算平台作为数据传输渠道，重新部署数据库服务器，开发现有系统平台，重新确定组织机构和岗位任务，落实那些能够显著提高财务流程效率、提高资产及资金安全性的转变措施。

在财务服务方面，财务共享服务中心能够优化 ERP 系统中最关键的财务子系统的工作模式，体现共享的功能。财务共享服务中心可以将 ERP 系统中的财务管理模块抽取出来，进行统一核算，各个子系统中与费用相关的业务全部交给其管理，组成一个相对封闭的环境，按照"提交—审计—复核—生成凭证"的流程报账登账，从而由事后核算向事中控制和数据挖掘及决策职能转移，颠覆了传统财务会计的工作方式，建立了类似流水线的运作过程，借助精细化的专业分工、标准化的流程和发达的信息技术，从事财务工作。同时，财务共享服务中心还可以将 ERP 系统中的报账、应收应付账款、工资、账务处理、报表管理等环节集中起来，建立专门的数据库，方便核算和控制，从而提高整个财务共享服务中心的性能。

三、基于 ERP 系统的财务共享服务中心的优势

在 ERP 系统的基础上，企业通过建设财务共享服务中心，使得内部的财务管理活动全方位地向业务活动渗透，增强了财务响应和支撑市场的能力。这对于加快推进业务财务一体化，实现数据标准化、流程统一化产生了重大的影响。同时，基于 ERP 系统的财务共享服务中心的建设也促进了财务共享的组织变革，不断提升企业核算的标准化、集约化管理质量，提高财务管理水平，加强对风险的管控能力，实现资源的最优化配置等。

同时，在实施融合了 ERP 系统的财务共享服务中心后，企业内部的财务管理工作逐步摆脱原来低附加值的业务操作。财务人员由日常核算向财务管理转变，逐步由应对数据处理向强化数据预测转变，并更多地参与到市场营销、产品设计、投资计划和管理决策等活动中，直接参与管理决策，逐渐成长为"可信赖的业务顾问"。

此外，财务共享服务中心在 ERP 系统的基础上，还能够整合企业多个分公司（办事处）的人员、技术和流程，重新调整财务部门组织机构、人员的工作岗位，将大量同质、事务性的交易和任务集中于服务中心，实现财务记录和报告的集中化、标准化、流程化处理，从而打破传统的"分级管理、多点布局"的财务组织管理模式，实现财务共享服务中心的集中控制和统一核算。

第三节 财务共享系统的五大平台

在企业管理信息系统中，财务信息系统是各项信息的汇集点，处于核心地位，所有的业务信息都将传递至财务信息平台。财务共享服务中心主要进行基础交易业务的处理，并对财务基础数据信息进行统一管理。财务共享服务核心系统平台所涉及的信息系统主要集中在财务信息系统整体功能框架中的核算层和业务层。

财务共享服务核心系统平台包括网上报账平台、业务操作平台、运营支撑平台、运营管理平台、资金结算平台等。五大平台的实施实现了与财务核算系统、资金管理系统

的集成，同时也帮助企业建设了财务共享服务中心，提升了企业财务业务的处理效率及质量，充分发挥了财务共享服务对基础财务核算业务的监控和指导作用，提升了企业整体财务管理水平。

在财务共享服务核心系统中，网上报账平台、业务操作平台、运营支撑平台、运营管理平台、资金结算平台之间相互关联。员工在网上报账平台提单，同时提交实物单据，单据经运营管理平台中的影像处理系统扫描上传后，预算计划内且经过业务审批的单据传给审核会计；审核完毕之后，账务信息转化成记账凭证传递至业务操作平台，同时向资金结算平台中的银企互联系统发送付款指令；银企互联系统支付完毕后返回支付结果，资金支出信息传递至预算管理系统写入预算资金执行数据。

一、网上报账平台

（一）网上报账平台概述

报账系统是财务共享的核心平台，主要对企业的基础信息进行收集和整合，包括业务单据信息收集、流程执行、影像结合、单据派工、自动生成凭证等。网上报账系统作为财务共享服务系统框架中的重要一环，将会计系统的业务处理从编制记账凭证提前到了业务流程环节，将会计信息系统的关注点从记账凭证转移到了原始凭证，并大大降低了财务基础的工作量，使得财务共享服务得以大幅提升效率并得到有效实施。

网上报账平台作为企业财务数据的采集入口，可以有效克服手工采集数据的弊端，将企业的支付数据完全电子化，利用信息技术再现原始业务活动，为每笔支出建立单独的审计线索。系统可以将费用报销延伸到费用发生前的申请、审批和稽核，通过活动申请单实现费用发生的事前控制，再根据申请审批结果对后续实际发生数进行控制，并作为后续流程的数据来源，最终达到费用发生按计划执行的目的。

但是，由于单据审核是每项业务开展的一个重要基础条件，在财务共享服务模式下，财务业务具有特殊性，仅仅依赖于报账中心的单据，不能让异地的财务人员全面地了解该项业务的所有信息，因此网上报账平台需要与影像系统紧密结合起来。影像系统的建设，可以将票据影像与实物流程统一管理，依托电子影像支撑整个审批流程，实现全电子化的财务共享服务中心业务流程。通过将原始发票扫描传入影像系统，进行集中、分类管理，随着报账系统的运作将单据流转到每一个节点，支持相关人员随时调阅、存档影像信息。同时，电子档案管理为财务共享服务提供了强有力的支撑，解决了票据实物流转、原始凭证调阅等问题。网上报账平台与影像管理系统相结合的模式实现了集中化的财务处理，解决了跨地域处理业务的问题。

（二）网上报账平台的作用

网上报账平台有以下几方面的作用：

1.规范费用管理流程

（1）实现了对内员工报销，对外收款/付款的申请、审批的管理控制，支持费用、资产、应收、应付等收支管理。

（2）节省员工提交、审批、处理、支付及费用报表所需的时间和精力。

（3）实现全过程的网上审批，单位领导可自由安排审批时间，消除被动审批造成的工作干扰。

（4）实现了某些费用必须先有申请单据才能报销的控制，规范报销流程。

（5）应用条码机，扫描单据条码，记录报销单据投递情况，稽核时通过条码进行单据定位，快捷查找单据进行稽核。

2.加强费用控制

（1）对借款的控制

为控制资金风险，单位会对内部员工的借款进行控制，其控制方式一般为控制余额或控制每笔借款的金额，也可两种方式混合使用。在系统中，按照员工的职务级别等信息设定控制金额，在借款过程中实时控制。

（2）对报销的控制

报销过程中的控制主要有两个方面，即报销限额和报销标准。报销限额是对指定的报销项目在一定时间范围内的报销总额进行限制的控制方法，常见的有通信费的月度标准、住宿费的日均标准等。报销标准主要用于计算有关报销费用，如差旅补贴的标准等。在系统中，采用按照员工的职务级别等信息规定报销限额和报销标准，对于报销限额可以设定控制周期为天、月、季、年，也可以进行累计控制。

（3）对预算的控制

费用的申请是否合理、报销的事项是否批准，这些与报销者个人的限额和标准无关的控制要求，需要根据企业的预算情况进行决策和控制。系统可以在业务申请阶段实现与预算系统的实时连接，对预算进行预计和检查，对超出预算或者到达预警线的业务进行实时控制。

3.灵活定制表单、审批流程

（1）系统预置大量的最佳实践的单据模板，提供各种费用单据、收付单据的定制。

（2）可以灵活定义报销、申请单据类型及单据格式、打印格式，随时响应用户的最新变化。

（3）可以对费用单据设置多级、多步骤的审批流程，支持不同人员不同的审批权限。

4.实时查询，快速统计报表

（1）多维度、多层次、多方式穿透查询，实现管理驾驶舱功能。

（2）费用的不同状态满足了不同时期不同岗位的人员对费用的查询。

二、业务操作平台

业务操作平台是在对业务和财务系统进行流程梳理和整合的基础上，建立一个支持财务与业务系统一体化的平台，以实现财务会计流程和经营业务流程的有机融合。该平台设置的基本原则是"财务业务一体化"。财务共享服务中心的业务人员使用该应用平台主要是为了完成业务单据的稽核、复核、凭证处理等工作。

（一）稽核

稽核是指财务共享服务中心的工作人员对单据信息的规范性、有效性，以及原始票据和影像进行核验，补充必要的业务信息及补助计算等。稽核时可联查费用预算信息，也可完成借款的核销。稽核完成后自动发送付款信息到资金系统支付。稽核完成后可生成财务凭证，通过接口传递给总账模块。

（二）复核

复核是指财务共享服务中心的工作人员为了进一步确保单据信息的规范性、有效性，增加复核人员岗位，按照授权复核某几类业务和某些单位的报账单，实现分权业务的单据处理。财务共享服务中心的工作人员在复核完成后可以根据业务需要自动生成凭证。单据复核退回时，应退到稽核节点，并且形成新的稽核任务，新的稽核任务默认处理人为当前单据的前稽核人员。

（三）凭证处理

凭证处理是指已经稽核完毕的各种借款单据需要编制财务核算凭证，利用凭证接口自定义模板功能自动生成满足核算要求的各种凭证。财务人员还可以随时从总账的费用核算凭证追溯到每一笔费用的报销单据。会计凭证一经财务确认，可以立即反映到所有相关的账簿和会计报表中，不需要其他部门的工作人员另行录入。此外，分类款项、部门、往来等辅助信息也均能实现自动传递，从而真正做到无缝连接。

三、运营支撑平台

财务共享服务中心运营支撑平台主要对财务共享服务中心的业务开展和运营进行基础信息管理，实现类型定义与业务定制的集成，包括财务共享服务中心的组织定义、业务定义、作业规则管理及参数定义等。财务共享服务中心的运营支撑主要包括基础组织信息管理和基础业务信息管理两部分，多方面支持财务共享服务中心的管理，能够按业务类型进行流程配置。

对于组织定义，要根据企业的财务共享服务中心的建设方案，依次设置财务共享服务中心的服务定义、业务定义和用户管理。

对于业务定义，要定义支付方式与具体的业务单据类型，设置每种业务单据的格式及借款核销控制，维护员工报销账户管理、委托管理。依次设置：业务申请类型定义、报销类型定义、支付方式、借款核销控制、报销账户管理。在系统运行过程中，根据需要设置委托管理。

财务共享服务中心的运营支撑平台，包括财务共享财务中心基础组织信息管理和基础业务信息管理两部分。

运营支撑平台的设立主要是为了帮助企业提供关于经营层面的相关信息，支持业务领导做出决策。运营支撑平台的良好运作需要与企业内部财务人员及业务人员建立紧密的联系：财务人员需要主动获取业务单位的需求，根据需求制作财务信息模型，提供给业务单位；业务领导在业务系统中查看有关销售、收入、毛利、利润、收款、现金流、资金预算等决策支持所需要的财务信息和非财务信息，并将企业经营信息与绩效数据进行对比。在决策过程中，运营支撑平台能根据各级领导在企业价值链中所处的不同角度和视野，进行数据权限隔离和控制，做到指标既可以向下钻取明细，还可以通过灵活的界限定制，把所有财务和非财务信息联合分析展现给经营决策者和企业高层，为其提供经营决策的数据支持。

四、运营管理平台

运营管理平台是企业对其提供的产品或服务进行设计、运行、评价和改进活动的总工厂。其常见的活动包括：制定科学高效的运作体系，养成规范良好的作业习惯；确保工作按制度执行，不断检查执行效果；随着组织的发展，不断优化、创新工作流程等。企业通过运营管理平台对其价值链上的各项活动进行分析和设计，提高组织运作效益，从而优化对财务共享服务平台业务运营的任务管理、质量管理、绩效管理和运营分析。

（一）任务管理

任务管理是指系统将各种待处理的业务以任务的形式放在作业池中，由作业人员以抢单模式或单据提取模式从作业池中提取待处理单据，通过各类规则将系统内的各类单据在各组织与用户之间进行分工，单据的处理结果可用于绩效考核。

（二）质量管理

质量管理是指系统通过制定质检任务，定期抽检原始票据及会计凭证，针对每笔不合规报账做详细记录、整改和稽核追踪，并形成日常质量报告和专项质量报告。根据制定的 KPI（Key Performance Indicator，关键绩效指标），对财务共享服务中心人员的服务进行质量管理，定期通过单据的质量抽查，了解财务共享服务中心服务过程的不足，从而不断优化财务共享服务中心的运营，保证财务共享服务中心的高效率运行。

（三）绩效管理

绩效管理主要是对共享服务平台运营过程中的组织和员工进行业绩考评，是各级管理者和员工为了达到运营目标，共同参与绩效计划制订、绩效辅导沟通、绩效考核评价、绩效结果应用、绩效目标提升的持续循环过程。以经营战略和年度经营目标为指导，通过对员工工作绩效的评价，达到奖优惩劣、提高员工绩效水平的目的。

（四）运营分析

运营分析是指根据条件，查询财务共享服务中心日常运营所需的统计数据，如单据流转时间查询、单据分类汇总统计、个人工作量汇总统计、单据处理日报、每日个人工作排名、每日业务处理排名、每日工作情况汇总、单据入池趋势分析、单据处理完成趋势分析、单据库存量趋势分析、单据处理时长对比分析等，方便管理人员掌握财务共享服务中心的任务情况，协助财务共享服务中心管理者进行资源调配等。

财务共享服务中心的运营管理平台主要包括九个方面的内容。其中，目标管理决定财务共享服务中心的管理导向，是开展其他管理活动的基础。流程制度管理、标准化管理及内控质量管理规范财务共享服务中心的流程和工序，控制输出质量。信息系统是规范和提升效率的有力工具。随着管理成熟度的提高，绩效管理、人员管理、服务管理和知识管理越来越受到重视，这有助于调动财务共享服务中心工作人员的积极性，保持健康的活力，引导并形成财务共享服务中心独有的组织文化。

财务共享服务中心运营管理平台的建立过程是财务共享服务中心不断优化自身管理工具和管理手段的过程。建立运营管理平台，能够使财务共享服务中心的管理手段更加多元化，使管理更加规范有序，从而带来管理效率和管理效果的提升。

但是，引入共享服务会带来复杂的变革，这就要求管理者具备更多的非传统的管理能力。管理者需要考虑财务共享服务中心如何为企业增加价值，并以此为出发点，设定财务共享服务中心的业绩基准，设定客户对服务中心的预期等。为了确保财务共享服务中心有能力达到这种预期，管理者必须在流程设计、绩效、质量、服务等各个方面建立管理体系，不断检查和更新业绩指标，对"供应商—客户"关系进行有效而持续的管理，不断审查、完善伙伴关系协议，鼓励财务共享服务中心以低成本提供高效率、高质量、高满意度的服务。

五、资金结算平台

随着企业经营管理理念的转变和财务管理水平的不断提升，越来越多的企业都在考虑通过有效的资金管理工作，强化企业财务管控，实现资金价值最大化。为了实现企业资金管控的目标，许多企业都选择建设和实施资金管理系统，将原先分布在各个地区分公司的大量资金支付、银企对账等工作汇总到财务共享服务中心，对资金进行集中管理，充分发挥企业资金的规模效应，并对企业整体资金进行有效管控，防范风险。而作为资金管理系统中一个举足轻重的子系统，资金结算平台在资金的集中管控和风险防范上发挥着巨大的作用。

资金结算平台通过参数配置可以帮助不同的企业实现报账、结算、线上支付的一体化管理。资金结算平台集成自动电子结算、资金计划管理、资金整体管控、平衡有序调动、内部调剂、外部借款等，承载和处理所有涉及现金收付的资金业务，不仅为财务共享服务中心的效率提供了保证，也成为财务管理的重要手段。

企业实施资金共享、推行资金集中管理一般需要建立企业内部的金融管理机构或资金组织，如财务公司、结算中心或内部银行等，通过建立企业结算账户资金池，为每家下属成员单位提供资金结算服务。资金管理涵盖了资金计划管理功能、银企互联功能和资金支付功能等，贯通企业的 ERP 系统、业务系统、银行系统，实现资金管理的无缝对接。

财务共享服务中心的资金结算分为以下三步：

第一步，对资金结算进行分析，对整体资金进行综合分析，全面了解企业的资金计划和资金头寸，掌握企业实时的资金状况。

第二步，对整个资金计划进行控制，包括柜台结算和网银结算，完善线上线下的资金支付业务操作规范。

第三步，在执行计划的过程中要做好业务留痕工作，与业务操作平台、影像管理系统等做好对接，推动整个资金结算平台顺利运行。

资金结算平台帮助企业资金业务构建了统一的标准，规范了资金支付及结算流程，实现了对资金收支的全过程、精细化、动态化管理，提高了资金整体服务水平，提升了工作效率。资金结算平台有利于企业管理者把握资金头寸、控制现金流，更有利于总部管理层了解下属成员单位的资金状况，在更广的范围内迅速而有效地控制好现金流，从而使现金的保存和应用达到最佳状态。资金结算平台还可以帮助企业降低资金成本，优化资金结构，减少资金占用，有利于系统使用者提高工作效率，将更多的人力、物力用于价值更高的管控分析活动中。

第四章 财务共享服务中心的发展

第一节 财务共享服务中心的发展趋势

当前,财务共享服务中心在全国的发展已成燎原之势,我国多数大型企业已开始使用财务共享服务,各种规模的企业,甚至行政事业单位,都在筹划和启动财务共享服务中心建设项目。在财务共享服务的应用深度和广度方面,我国的企业已呈现出代际差异,先进和后进的差距不仅体现在业务流程、核心技术、信息系统、组织架构等设计方面,还体现在发展战略、管理理念、经营模式等方面。

在财务共享和新IT技术驱动下,企业财务出现了很多新的特征。其一,参与者发生了变化,在传统的内部会计基础上出现了财务机器人和财务外包。其二,更加注重业财融合,实现业财一体化,管控与服务并重,推动管理会计落地。其三,财务的职能发生了变化:从关注结果到重视过程,从规范制度到注重发现,从聚焦内部到统筹内外,从书写历史到创造未来。其四,财务信息化的终端更加丰富,在传统的PC(Personal Computer,个人计算机)端的基础上,出现了更加丰富的移动应用。

经过对财务共享服务中心发展历史和现状的分析和思考,以及对财务共享服务中心相关技术发展趋势的研判,财务共享服务模式至少呈现四个方面的发展趋势:智能化、虚拟化、一体化和全球化。

一、财务共享服务中心的智能化

新一代IT技术推动了企业的变革与创新,财务转型是企业管理变革的重中之重。

何为互联、共享、智能的云财务时代？一方面，"互联网+"改变了企业组织形态，进而激发了管理会计的新需求；共享与财务相结合时会激发出更贴近时代发展趋势的创新型财务管理模式；在新技术的推动作用下，财务共享智能化势不可当。另一方面，互联、共享、智能的财务共享服务模式必定能够反过来促进企业财务转型。随着财务共享服务的不断发展与完善，财务共享服务中心的服务流程将从仅支持标准化、规范化工作，可以服务客户共性需求的"刚性"流程，逐步向支持灵活性、可扩展性工作，主要服务客户个性需求的"柔性"流程方向发展。此外，随着机器人流程自动化技术的逐渐成熟，共享流程的处理会加速向自动化方向发展，在可预计的未来，财务共享服务中心的常规工作岗位将由财务机器人所代替，财务共享服务中心最终会演变成财务自动化工厂。

柔性化和自动化的方向并非一致，柔性化的需求将会增加自动化的难度。自动化的实现与人工智能密不可分。作为一门新的计算机技术科学，人工智能是基于大数据、模拟、延伸和拓展人类智能所做出的理性判断。例如：需要输入很多数据时，人工智能的记忆和识别功能会使系统很快反映出一部分在此前输入过的数据，帮助用户迅速完成输入过程，缩短工作时间。换句话说，人工智能是基于大量重复数据，并记载了以前的数据，从而发挥记忆和延伸功能的一种计算机技术科学。人工智能技术对财务共享服务中心最为重要的改变就在于推动财务共享建设流程的自动化。财务共享服务中心具备高度标准化和业务量大的特征，而智能化的财务共享服务处理平台可以搭建云端企业商城，利用电商化平台实现与供应商、客户之间的无缝连接，并借助发票电子化打通税务数据与交易的关联，回归以交易管理为核心的企业运营本质，重构传统财务处理流程，实现对员工日常消费、差旅服务，以及大宗原材料、低值易耗品采购的在线下单、支付，企业统一对账结算，最终实现业务透明化、流程自动化、数据真实化。

一些智能记账系统渐渐出现，借助实际成本、标准成本和业务预算等系统建立起生产、库存、采购等各环节成本预测、控制、核算、分析与考核的全过程管理体系，准确地统计分析并披露成本信息，便于管理人员控制作业，考评绩效，实现成本管理的事前计划、事中控制、事后分析。此外，智能记账系统的成本管理解决方案涵盖了成功开展企业成本管理活动所需的主要业务处理功能。

实际成本管理，提供产品实际生产成本核算功能，支持品种法、分步法、分批法、分类法等多种成本核算方法，可以与其他系统集成，快速自动采集产量、费用等数据，提供灵活的费用分配方法和向导式的成本计算、完备的成本计算报告。

标准成本管理，提供国际通行的标准成本管理体系，注重企业业务过程的成本管理。

标准成本着眼于事前的计划与事中的控制,通过管理与成本关键控制点直接相关的成本要素,为强化成本控制、改善成本管理提供准确信息,还可作为经营决策的重要依据。

作业成本管理,面向订单驱动型工业企业,实现作业级的精细成本管理。突破传统的成本对象概念,把销售订单和生产任务单直接作为实质上的成本对象,彻底打破部门成本核算模式,实现全过程跟踪生产作业与过程,提供基于销售订单、生产任务单、成本中心、工序、成本对象、成本项目的多维度成本统计分析。

日成本管理,突破成本计算周期的束缚,可按日、周、旬、自定义等成本计算周期在一个会计期间内进行多次成本核算和分析,为管理人员提供更加灵活、及时、准确的成本信息,便于管理人员及时掌握企业的成本动态。

本量利分析。提供"盈亏临界点分析"和"目标利润分析"两个分析模型,计算盈亏平衡点和达到预计利润时的销量、售价等数据,分析成本费用、销量、销价变化与利润之间的内在关系。

成本预测。提供按移动平均法、时序移动平均法等方法,对实际生产成本历史核算数据进行分析,预测产品生产成本,并根据成本预测分析表进行差异分析。提供智能设置定价决策公式、定价决策单元,并据之生成定价决策方案。预设36种方案,可根据每种方案出具对应的销售报价单,进行销售报价决策。

生产成本分析与考核。提供大量分析报表,包括产品成本结构分析、产品成本趋势分析、产品耗料分析等报表,从不同维度透视产品成本结果,并结合成本中心实现成本责任考核。

财务机器人在流程自动化方面,可以模拟人工,完成指定规则的任务,替代大量重复性的操作;批量任务处理方面,财务机器人在后台能够自动生成凭证、自动稽核、自动记账等;人工智能方面,财务机器人提供智能预测、自然语言交互、图像识别等。财务机器人处理的业务较为广泛,涵盖财务共享、税务管理、财务核算、全面预算等。具体来说,财务机器人提供以下几类功能:

第一,差旅无忧。出差前,指定到达城市和到达时间,智能机器助理会根据用户需求自动提供多种行程规划方案,用户根据个人需要从中选择合适的规划方案后,财务机器人会自动进行订票服务。

第二,轻松报销。根据行程明细,经用户确认后自动生成报销单,并附上电子发票。针对某些供应商统一出票,不需要付款的情况,月末财务统一与供应商结算,减少中间环节。

第三，单据预审批。预先分析报销单据中填写的交通工具、酒店档次、报销费用额度是否符合填报人的报销标准，将某些不符合报销标准的单据标注为"问题单据"，并提示部门经理重点审批。

第四，实时预算控制。财务机器人会自动检查部门预算及资金占用比例，对目标用户进行提醒，让管理者实时了解部门费用的发生情况，加强控制。

第五，信用分级。如果部门经理认为填报有问题，智能机器人会根据经理意见自动进行信用扣分，信用分低的填报人下次提交的个人报销单据会被财务机器人列为"重点审批"，审批优先级与时效也会因此变低。

第六，智能派单。当一笔单据经过领导审批后，财务机器人会预先判断该笔单据的业务复杂程度，定时将任务池中的单据推送到所有稽核人员手中，平均分配简单单据和复杂单据，使财务稽核单据的绩效更加合理。

第七，信用评级。稽核单据之前，财务机器人会预先分析填报人的信用等级，优先处理信用等级高的单据，对于信用等级低的单据，会提醒会计人员重点审查。财务机器人自动检查发票等影像信息和单据填报金额是否相符，把不符合的单据退回并进行信用扣分；对于符合的单据，会根据该员工的出差天数及报销标准，自动计算差旅补助费用，并提示会计人员可以批量稽核通过。

第八，制证机器人。稽核完成后，财务机器人会根据会计人员的权限，调用会计平台引擎，对稽核通过的单据自动生成凭证。

第九，自动开票。财务机器人能直接从业务系统中获取交易数据，自动生成待开发票，传递给税控系统自动开票。

第十，验证发票真伪。进项发票收到后经过扫描，财务机器人自动匹配税局电子底账库全票面信息，验证发票真伪，同时根据业务规则判断是否进行认证抵扣，勾选需要抵扣的发票，并同步到发票选择确认平台进行认证。

第十一，一键报税。纳税申报，税务主管只需要把涉及纳税调整的相关数据录入系统，在每月纳税申报时，财务机器人会从核算系统中根据报表取数计算规则和纳税调整项，自动生成纳税申报表，在通过多种校验逻辑计算验证后，将最后的报表呈现给税务主管，查看追溯所有申报表的计算过程和调整事项。税务主管检查后即审核通过，系统会自动上报纳税申报表。

第十二，税务风险预警。对于涉税风险，财务机器人具有实时系统取数和超强的计算能力，能根据风险模型进行监控，一旦有异常波动，会第一时间推送给税务主管，并附上风险报告，提高税务管理的效率。

第十三，智能报告。财务机器人除了能自动生成财务报告外，还能按照财务总监的要求提供内部管理报告。例如：针对应收余额，要求报告反映账龄分析、坏账准备等管理会计指标。针对不同产品或服务，财务机器人会提供边际贡献和毛利率分析，辅助财务主管制定财务政策和经营政策。日常经营中，财务机器人可以通过对预算执行的监控，在报告中分析预算与实际、实际与行业标杆值之间的差异，全面掌控企业的经营情况。

第十四，辅助决策。财务机器人能定时进行资产负债分析、利润分析、现金流量分析等全方位多维度的财务分析，并将分析结果直观地呈现给管理层。针对某一季度的异常指标现象，行为机器人会智能穿透，层层追查，找出异常原因，如产品降价促销活动引起毛利率下降，实时跟踪业务变化。财务机器人还能通过杜邦分析体系，根据若干个不同财务指标的内在联系，系统、综合地分析企业的经营效率和财务状况。所谓"牵一发而动全身"，在调整某项指标时，财务机器人能立即预测出对整体经营情况和财务盈利水平的影响，辅助财务主管更好地决策。

智能记账系统、AI 技术、财务机器人的应用，不仅实现了流程自动化，而且越来越能够满足客户的个性需求，兼备"柔性化"，这意味着人工智能将在财务共享服务中心建设中扮演越来越重要的角色。

二、财务共享服务中心的虚拟化

鉴于财务工作的复杂性，完全取消人类操作岗位的设计既不可取（考虑社会问题），短期内也不可能实现（考虑技术问题），因此财务共享服务中心的人类岗位还会在较长时间内存在。尽管如此，由于互联网技术的飞速发展，财务共享服务中心的集中办公模式将会被虚拟办公模式所取代，员工可以在不同的城市办公，甚至在飞机、火车、汽车等交通工具上移动办公，这将使财务共享服务中心的岗位呈现出虚拟化和碎片化的趋势，这在某种程度上会改变财务共享服务中心的内部管理方式。ERP 系统的完善和互联网技术的发展，也会促进财务共享服务中心的虚拟化。财务共享服务中心不再是集中在某一个地点，而是分布在世界任何地方，虚拟共享中心的设立也变得可行。持续的成本节约是财务共享服务中心赖以生存的根本。当办公地点的选择、人力成本没有可降低的空间时，借助技术发展，虚拟财务共享服务中心的员工就可以分布在全球，从而突破语言障碍，解决招募优秀人才难、成本压力大等问题。财务共享服务中心的一些服务和功能可以不在同一个地点，而且利用全面电子化、网络化，不同地区的成员也可以进行工作沟通和联系。通过互联网成立的财务共享服务中心，其服务内容、服务标准及对服务人员的用人要求都会通过网络清楚地传递给每个志在加入的成员。这些成员不限国家、地域、性别、年龄，只要通过一系列的网上测评，就可以成为财务共享服务中心的虚拟员工。这些员工的工作就是从一个派工池里获取一天的工作任务，并在规定时间内按标准完成，工作地点充分灵活化。岗位的虚拟化和碎片化的优势在于：第一，能够进一步节约初始投入成本，使企业能够获得更大的利润空间。第二，能够突破语言和优秀人才招募的地域限制，提升财务共享服务中心的人员素质。第三，虚拟财务共享服务中心需要的现场管理人员数量有所减少，运作成本进一步降低。当然，这样的趋势也会存在一定的问题。比如企业前期在 IT 基础设施的投入加大，各个地区的文化习俗、时差、作息时间差别带来的不匹配问题、标准化流程难以控制等。但是，这些问题并非无法克服，只要流程和系统设计合理，管理方法恰当，财务共享服务中心岗位的虚拟化和碎片化必定能够获得成功。对于一个跨国企业而言，虚拟财务共享服务中心的员工可以分布在全球各个角落。虚拟财务共享服务中心的某些服务和功能虽然不会设在同一个地点，但会利用全面电子化、网络化实现成员之间的工作沟通和联系。对于一个国内的企业而言，虚拟财务共享服务中心可以采用众包的模式实现共享服务的会计核算。

众包是指企业通过互联网平台，把本应由企业内部员工和外部合作伙伴完成的任务，分包给网络大众群体去完成。众包模式中，对承担企业内部某些工作的网络大众是没有清晰地界定的，他们可能不是该行业或该领域的专业人员，只是利用闲暇时间从事互联网众包活动。在参与众包模式的过程中，网络大众是主动的，他们可以决定是否参与、怎么参与，已经不再是过去被动接受产品和服务的消费者。如果说劳动分工理论上把一个复杂的业务处理变成了流程化分环节作业的模式，那么，众包模式就是进一步将工作进行细化。这时，传统模式下的一项由单人完成的工作可能需要由几个动作组合起来完成。在众包模式下，会追求极致的动作分解，甚至将各种流程中的任何一个动作都进行最为细致的任务颗粒分解。众包会以互联网为媒介，只要众包商拥有一台电脑或手机，就可以不受时间、空间的限制，一天 24 小时随时随地为财务共享服务中心提供核算服务，而且所有的环节都在网上进行，企业不需要为这些众包商提供固定的办公场所和工资，这又节省了一大笔费用。

财务共享服务中心很多基础的会计核算工作都可以由互联网上的广大用户去完成，

然后依据完成的工作量给予相应的报酬，多劳多得、少劳少得，这样有助于财务共享服务中心在业务低峰期大大节省人力成本。更为重要的是，众包模式有利于进一步将财务共享服务中心内部的高素质员工解放出来，让他们能够参与到更有价值的管理决策工作中，摆脱"会计加工厂"的简单重复性劳动，将更多的精力和时间放在利用财务共享服务中心的数据优势，发挥管理会计中预算的编制、执行、监控及财务数据的整合与分析工作上。

众包模式的基本工作原理是将工作流程进行充分的标准化和分解化，将其中一些对专业技能要求不高的工作通过互联网平台分发出去，平台对接客户端，通过抢单的方式进行作业，作业完成，且达到预期质量要求的单据，按预设定价进行结算。众包模式使简单基础的流程环节利用社会人群的碎片化时间来处理，即使使用同样的成本，在人员管理和轻资产化方面带来的收益也能够给企业带来价值。财务共享服务中心运营的模式可以划分为企业内部运营、外部独立经营及内外部结合运营三种模式。内部运营的财务共享服务中心的客户多为企业的分公司或子公司，根据其业务的不同特点和要求，抽取共性内容设计通用标准方案，并在此基础上进行方案补充设计，以满足客户个性需求。外部独立经营是指面向市场的专业共享服务供应商，可以从企业的财务共享服务中心分化出来，也可以在成立之初就定位为独立经营的共享服务机构。内外部结合运营是由内部运营模式演变而来的，拥有成熟的企业内部运营基础和客户资源，具备较强的抗风险和盈利能力。企业可以通过内部共享服务市场化的方式，向内外部出售服务、转让或外包共享中心业务，从而实现服务收费和经营获利，使共享中心以灵活化、利润化的方式最大限度地满足市场需求和企业切身利益，发挥经济实体的功效。对于大型企业而言，提供外包服务不仅可以满足自身财务共享服务的需求，而且可以使已建设的财务共享服务中心进一步扩大业务范围、降低运营成本。一个良性运营的财务共享服务中心将从内部的官僚机构逐渐变为服务机构，从成本中心变为利润中心，最终成为企业创造新价值的独立经济实体。

要想成为企业的利润中心，真正为企业带来利润，对于一个财务共享服务中心来讲并不是件容易的事情。因此，企业在内部运营时，要积累丰富的运营经验，建立完整的内部成本核算体系，与服务的下属分公司或者子公司签订服务水平协议，对所提供的服务计价管理。通过一系列措施，降低运营成本。只有运营成本足够低的时候，财务共享服务中心才能够考虑从事外包业务，否则就没有竞争优势，会给企业带来亏损。真正走向市场对于财务共享服务中心的管理人员也提出了更高的要求，他们不仅需要专业知识、管理经验，也需要具备市场营销能力和成本控制能力。对于中小型企业而言，财务共享服务中心的初始投入成本较大，而且存在建成后节省的成本不及前期初始投入的风险。由于财务共享服务中心的岗位任务定义越来越清晰，以及岗位虚拟化的发展趋势，财务共享服务中心的部分工作完全可以整体外包给其他组织和个人，或可采用众包的方式，将财务共享服务中心的任务分解后，以自由自愿的形式外包给某大众网络的成员，即未来财务共享服务中心的任务并不一定完全由本中心的自有员工完成，这就意味着财务共享服务中心的组织边界将会呈现出模糊化、动态化的特点。这种外包或分包模式将给财务共享服务中心的内部管理，特别是质量管理、风险控制等带来挑战，但同样也为成熟的财务共享服务中心提供了市场。

三、财务共享服务中心的一体化

有观点认为，财务共享与业财融合的发展趋势实际上是背道而驰的，因为财务共享强调将企业的财务管理职能剥离给专业的财务共享服务中心管理，但事实上一些基层企业的财务信息系统与业务信息系统已有较深的融合，剥离的话就会降低甚至失去已有的融合性。为了解决专业性和融合性的矛盾，财务共享服务中心的平台必须将自己的信息系统演变成企业整体信息系统的有机组成部分，必须和企业外部的环境系统进行有机集成。有效的解决方式是将财务共享服务中心的信息系统和各分公司、子公司的 ERP 系统整体迁移到云上，借助云平台来交换业务、财务信息，以及内部和外部的信息。

财务共享服务具备规模化效应，更多地体现在端对端作业方式的变化上。例如：员工可以完全实现自助报销，基层业务的财务部门在这个过程中不再承担任何职责，而由财务共享服务中心来完成。但由于企业业务领域的拓展、组织结构的变化、战略目标的转变，财务共享服务中心建设引发的流程管理不可能一次完成，而是一个持续性的优化过程。这就需要在财务共享服务中心内部建立不断进行自我优化的机制，从而实现作业流程的持续评估、改进和提升，以满足企业成本、战略、合规上的要求，避免由于流程等相关内容不能适应变化而使财务共享服务质量下降。持续改进也给财务共享服务中心尤其是管理者团队提出了较高的要求，管理者不仅需要具有改进变革流程的技能技巧，而且要有持续改进的意识、敏锐的洞察力及坚定的信念，从而推动一项项改革。因此，财务共享服务中心需要为此配置合适的管理团队去不断推动持续的改进工作。财务流程的持续优化是无法与企业的业务流程完全分割开来的,会或多或少地涉及业务的流程,其实这也是财务共享服务中心达到集团管控目的的重要手段。

服务的一体化和融合化是指多种共享中心(财务共享服务中心、人力资源共享中心、法律服务共享中心、信息技术共享中心、客户服务共享中心等)的集成和融合。随着共享中心发展的深入,一方面,财务共享服务中心与其他共享中心从多共享中心演变成单个综合中心的趋势越来越明显;另一方面,财务共享服务中心的服务内容除传统的交易性流程工作(如应收、应付、资产、费用报销、现金、总账管理等)之外,正在延伸到更多的高价值流程工作(如计划分析、全面预算、税收筹划、资金运作、风险管理、公司治理、投融资管理等)上,而这些高价值流程工作需要更多与管理会计和业务的融合。同时,将财务共享的设计理念应用于管理会计的领域,对管理会计中的操作流程进行进一步再造,成立企业的财务管理中心。管理会计当中有一部分资源配置及数据分析的工作,包括预算的编制、执行、监控及财务数据的整合与分析,完全可以依赖信息系统进行集中化操作。只需要将标准设定清楚,这些工作就可以在统一的系统平台上得以实现,即便不能够完全系统化,也可以进行集中操作,如此,基层的财务服务工作会更加便捷。

财务共享服务中心业务流程的持续改进同样可以通过细节改进、流程再造的方式实施。但无论通过何种方式落实,财务共享服务中心的持续流程改进目标不能脱离企业整体对于企业战略、成本、效率或者合规性方面的要求。管理者不但需要具有改进变革流程的技能技巧,更要具备持续改进的意识、敏锐的洞察力和坚定的信念去推进一项项改革。

随着财务共享服务模式的成熟度不断提高,业务和财务进一步融合,其实这也正是财务共享服务中心达到企业管控目的的重要手段。无论是会计核算作业的集中,还是资金结算的集中,以及财务信息的集中,都迫使企业的业务流程、业务系统实现集中化管理。这就使原本分散的风险处于集中、可控的状态。由此,会给企业带来一系列业务流程的改变。

四、财务共享服务中心的全球化

建立一个区域的财务共享服务中心还是全球的财务共享服务中心,取决于企业的发展战略和企业是否是跨国企业。如果企业仅在国内地区发展,区域共享中心就足以满足企业的要求，而不需要更大范围的共享中心；如果是大型跨国企业，则需要建立一个全球统一的财务共享服务中心，以解决其全球的会计业务，或者在美洲、欧洲、亚洲等分别建立洲际财务共享服务中心，让更多员工享受到共享服务的便捷。目前，大多数企业的财务共享服务中心还是区域性的。随着国家经济实力的提升，我国涌现出越来越多的全球化企业，这意味着更多全球化的财务共享服务中心将会出现。为了更好地实现规模化经济效应，随着国内财务共享服务中心管理经验的积累，系统、流程的规范和改进，业务容量的增加，会有更多的企业计划将所有子公司或合资公司全部纳入财务共享服务中心的业务范围，共享全面的财务服务，实现真正意义上的全球财务共享服务中心。这个计划和趋势对财务共享服务中心的运作和管理能力也提出了更高的要求。

第二节 迈入新财务时代需要人才转型

近年来，随着"互联网+"的发展和企业数字化转型，大部分企业已经彻底摆脱了传统、烦琐的手工记账方式，走进了信息化发展的殿堂。ERP 系统的全面推广很好地使财务系统与采购、销售、人力资源等系统进行了融合与集成，彻底打破了企业内部的信息壁垒，形成了一个共享数据平台。在大数据时代，财务信息焕发出勃勃生机，很多财务信息的收集、处理、分析不再是难题。企业财务信息系统实现了集中统一的财务管理平台建设和企业财务核算一体化管理，在企业的投资决策、全面预算、内部控制、业绩评价等方面发挥着巨大的作用。与此同时，云计算、互联网、大数据、数据挖掘等的广泛使用对财务工作、财务行业有着极为深刻的影响。

一、新财务时代，新人才要求

在新财务时代，财务人员对数据进行收集和存储是最简单的工作，而分析数据信息、挖掘数据信息、探寻数据信息中所蕴含的商业价值才是重要的工作。在大数据时代，企业对财务人员的要求不断提高，财务人员不仅要掌握相关的财务管理专业知识，还必须在了解企业的战略发展规划后帮助企业做好决策工作,从而实现企业利润的增长。

新财务时代的到来对企业财务人员的数据分析能力提出了较高的要求。它要求企业财务人员应从战略视角去分析大数据带来的意义。计算机的普及应用,在很大程度上解放了财务人员的双手,代替财务人员完成了数据分析的大部分工作。企业财务部门已经从简单的结构化数据分析转变为大量非结构化数据分析。这些数据分析能为企业在经营决策、市场竞争、供应链管理、风险规避方面提供数据依据。

新财务时代的最大特点就是海量数据。因此,企业财务人员必须具备分析实时数据的能力,能够使企业在最短的时间内了解行业变化趋势,在最短的时间内比竞争对手了解市场、占领市场。这种实时数据的分析与掌握,不仅需要财务人员的分析能力,还需要更高的技术支持,从而帮助企业在最短的时间内尽可能多地搜集到信息,为会计人员进行数据信息处理创造条件,争取时间。

新财务时代为企业发展带来的变化就是每时每刻的数据都是新的、都是变化的。企业将这些非结构化的信息进行收集,帮助企业做出在传统会计形势下无法做出的决策。例如:对于应收账款计提坏账准备时,不仅要关注拖欠企业资金的结构化信息,还必须对该企业非结构化信息予以集中收集、总结、分析。大数据背景下,企业不再盲目地确定计提比例,而是通过最真实的数据对该项应收账款坏账准备的计提比例进行确定。数据驱动型决策是用海量数据的分析结果来取代高层管理者的直觉判断,这是现代管理决策的重大变革。财务共享服务中心的建设为财务转型奠定了基础,使得企业的业务财务之间的界限逐渐弱化,"业财一体化"让财务部门逐渐演变成大数据处理部门,信息系统建设的完善和人工智能的迅速发展,使得一些基层会计人员逐渐被取代。企业要建设财务共享服务中心,不仅要逐步完善 ERP 系统,而且要不断提高对财务人员的要求。财务共享服务对于企业尤其是集团企业的财务管理是大势所趋,广大财务从业者需不断磨炼自身职业技能,才能加快转型的步伐,实现职业生涯的长远规划。

第一,一位优秀的财务人员,应构筑自身"T"型的知识结构。专业方面要有深度,即提高自身专业的硬实力,包括财务管理、会计、审计、税务、投资融资等专业知识;业务方面要有广度,包括财经法规、企业管理、公司治理、企业并购、内部控制及本企业生产技术、工艺等方面的基本知识均要涉猎。

第二,优秀的财务人员需要加强数据分析能力。例如:一组财务数据摆在眼前,优秀的财务人员不仅要看到数据本身代表的内容,也要看到造成盈亏的几种可能情况,以及应采取的措施,甚至包括下一阶段的预算、策略等。一些通用技能也能帮助财务人员加快转型。通用技能主要是指一些财务的"软技能",包括沟通能力、谈判能力、协作能力、演讲与汇报能力、组织能力、适应能力。财务共享转型时期,财务必备的软技能可以帮助财务人员跳出专业财务人员的职业短板,将财务优势融入企业管理,实现对企业整体运作的财务管控。

第三,优秀的财务人员需要具备"终身学习"的理念。财务共享服务中心建设并非一成不变的,而是一个持续优化的过程。会计政策也在不断与国际通用会计准则接轨。实时掌握最新财务共享信息及会计政策的更新,将成为财务日常工作质量的基本要求。

二、适者生存,财务人员如何转型

随着财务共享本身的作业与智能化的结合越发紧密,财务共享服务中心将从一个人力密集型组织转变为一个技术密集型组织。随着规则被不断梳理与完善,并在信息系统中形成可执行的规则后,财务共享服务中心的作业人员将可被替换,并最终趋于人力的削减。从管理者角度来说,这对整个组织是有益的,但也会对财务共享服务中心现存员工的转型形成极大挑战。部分能力较高的员工将转至规则梳理的相关岗位,而大量的员工可能因为智能化而离开工作岗位。因此,财务人员只有适应时代发展,加速转型,才有可能避免在新财务时代被淘汰。

(一)财务人员应向"成本控制与内部控制人员"转型

随着大数据时代的到来与不断发展,企业管理会计逐渐彰显出其重要性。因此,在大数据时代下,企业的财务人员应积极调整思路,逐渐向管理会计的方向转型。随着市场经济的不断发展与完善,在微利时代,成本的高低将成为企业获利的关键性因素。在大数据时代,专业的成本分析与控制人员,不仅要具备丰富的、扎实的财务专业知识,还必须了解并关注企业的各项生产工艺流程、生产环节,企业的内控流程等,并在成本控制系统的帮助下,充分挖掘相关成本数据,对成本数据进行合理的分配、归集、分析等,从而为企业成本的有效控制奠定基础,为企业的决策提供帮助。

(二)财务人员应向"全面预算人员"转型

现代企业进行的管理基本都是事后管理,越来越多的企业采用 ERP 系统对企业数据进行整合，通过对数据穿透查询，结合企业的预测目标，将企业事后管理逐步变成事前控制。用信息化的手段进行事前控制、预测等对企业管理十分重要。在大数据时代，预算作为财务管理的核心，要求企业实现全员参与预算、财务人员需要站在企业战略规划的高度，层层分解企业的战略规划目标，直至最后的预算分析报告的编制、预算绩效考核，以及预算对未来目标与战略的影响与规划，使预算真正发挥其职能作用。因此，大数据时代需要企业的财务人员向全面预算人员转型。

（三）财务人员应向"专业财务分析人员"转型

企业的财务人员必须具备专业的分析技能，能够从海量的数据中挖掘出对企业有价值的信息；同时，还可以在数据分析的过程中更加全面地了解企业的发展现状与存在的问题，及时对企业的财务状况、经营成果进行评价，为提高企业的经营管理效率提供更有价值的分析。因此，大数据时代的企业财务人员应积极向专业的财务分析人员转型。

（四）财务人员应向"风险管理人员"转型

风险管理主要是企业从战略制定到日常经营的过程中对待风险的态度，目的是确定可能影响企业的潜在事项，并进行管理，为实现企业的目标提供合理的保证。实践证明，内部控制的有效实施有赖于风险管理，战略型财务人员需将企业的风险影响控制在可接受的范围内，从而促进企业的可持续发展。因此，在大数据时代，企业的财务人员应向风险管理人员转型。

（五）财务人员应向"技术型财务人员、战略型财务人员"转型

大数据、大共享理念的延伸与拓展要求财务共享的产生，并在未来成为主要的工作环境，借此形成数据中心，为未来的决策与发展奠定基础。财务共享服务中心的人员是财务人员在大数据时代转型的另一个方向。在财务共享服务中心中，有设计好的专业的标准与流程，如应收应付款项、费用报销、明细账的管理、总账及各种财务报销、资金的管理、税务的合理筹划等。这一职能对财务人员的要求并不高，只要具有一定的财务基础知识、英语基础知识、计算机基础知识，再经过一定的培训即可以转型上岗。这对于那些处于初级阶段的财务人员是一个较好的工作选择。在经过一段时间的熟悉与熟练以后，可以向更高级的技术型财务人员、战略型财务人员转型。

在财务共享管理模式下，业务转型定位将财务人员分为共享财务、业务财务、战略

财务三类。其中，高端财务岗位的需求将会增加，对从业人员的学历、经验、技能要求也会更高。相反，财务的一般岗位对财务人员的技能要求不高，一些工作完全可以用自动化技术或人工智能代替，导致基础财务人员将会被大幅度裁员，尤其是企业内部同质化的岗位将被"共享"掉，整体财务岗位缩编。

普通财务人员转型为共享财务人员。普通财务人员是指那些学历层次相对不高，年龄不大，掌握新技能、学习新知识的能力较强，同时又具备财务会计实务操作经验的工作人员。这些财务人员长期在一线从事财务基础工作，在原始单据审核、凭证录入、交易结算等方面积累了丰富的实战经验，可通过选拔、培训后到财务共享服务中心从事财务会计工作。但是，在实践中，由于国内的整体教育环境，本科学历人才的供给成本已经大幅度降低，且呈现供大于求的长期趋势，本科学历的员工会成为财务共享财务中心高性价比的首选人才。

优秀的财务人员转型为业务财务人员。优秀的财务人员是指学历教育层次较高，专业知识系统且实操经验丰富的人员。他们应该深入业务前端，针对企业研发、供应、生产和营销等各个环节进行财务分析、预测、规划、控制、激励和考核等，加快财务与业务的融合，积极参与企业价值链各环节的价值创造，即把财务数据转化为信息，并以业务语言传递给各级领导，辅助领导决策。

卓越的财务人员转型为战略财务人员。卓越的财务人员是指学历层次很高，管理知识储备深厚，既掌握财务会计实务，又懂得战略规划，对财务管理及其他经济领域业务也有深入研究，精于预算管理、绩效评价、风险管理、内部控制、资本运作、纳税筹划等，可作为战略财务培养的人员。战略财务人员不仅相当于企业总部的参谋，更是管理者进行战略决策时的重要伙伴，是全面预算与绩效管理的设计师，是制定和实施组织战略的专家。

第三节 财务共享服务中心教育与认证体系

在财务认证体系领域，除了传统的 CPA（Certified Public Accountant，注册会计师）、

ACA（Associate Chartered Accountant，英国皇家特许会计师）和 ACCA（The Association of Chartered Certified Accountants，特许公认会计师公会）等会计资格认证，随着管理会计的不断深化，CMA（Certified Management Accountant，美国注册管理会计师）、CGMA（Chartered Global Management Accountant，全球特许管理会计师）等越来越受到财会界的重视，财务共享的出现，不仅推动了教育的变革，也促使一些原本存在的认证体系增加了新的考核内容，与时俱进。

一、管理会计领域认证体系

财务共享服务教育越来越强调管理会计的重要性，因此，管理会计的一些相关证书也应该纳入共享教育的领域。

（一）CMA 认证体系

CMA 管理会计在企业运营中发挥着越来越重要的作用，实现了财务创造价值的巨大转变。管理会计的预测智能，通过对宏观环境的预测分析、对企业内部产能的预测分析、对企业利润与成本的预测分析，不断指导企业实际业务向前发展，让企业的持续发展变成了可控、健康的进程。管理会计在财务共享服务中越来越重要，因此现代财务人员不仅需要掌握基础的核算会计，也需要具备相应的管理会计知识，培养管理思想，才能在财务共享时代不被淘汰。

目前，已经存在的管理会计培训和认证体系包括 CIMA（The Chartered Institute of Management Accountants，英国特许管理会计师公会）、CMA 等。其中，CMA 的认证体系在全球内的认可度相对较高。CMA 是美国管理会计师协会设立的专业资格，被认为是世界 500 强企业的黄金敲门砖。CMA 被国家资产管理部门发文认证，被众多知名企业追捧。CMA 客观地评估学员在管理会计及财务管理方面的相关工作经验、教育背景、专业知识、实践技能、职业道德规范，以及持续学习发展的能力。CMA 认证能帮助持证者的职业发展，保持高水准的职业道德要求，站在财务战略咨询师的角度进行企业分析决策，推动企业业绩发展，并在企业战略决策过程中担任重要角色。

要参加 CMA 考试，必须先申请成为 IMA（The Institute of Management Accountants，美国管理会计师协会）普通会员。对于中国考生，可以通过 IMA 授权的中国培训机构申请入会。IMA 在全世界共有会员 80 000 余人，主要分布在美国、加拿大及其他经济发达的国家。CMA 是美国两个最主要、最权威的会计师资格之一，也是全球最权威的会计资格之一，作为国际上的会计准则和管理标准，CMA 在全球很多国家都得到了认可，在中国由中国教育部考试中心组织进行考试。

对于考试资格，具备教育部认证的全日制 3 年大专学历或者经过教育部认可的学士或者更高的硕士、博士学位的，都可以申请参加 CMA 考试，报考门槛并不高。考试形式采用计算机闭卷考，全球的考试标准都一样。CMA 考试科目有两门，一门是财务报告、规划、绩效和控制，出题内容包含外部财务报告决策、计划预算和预测、业绩管理、成本管理、内部控制；另一个是财务决策，出题内容包含财务报表分析、公司财务、决策分析、风险管理、投资决策，以及职业道德。每门考试时长均为 4 小时。

通过 CMA 考试后，需要取得两年管理会计实务工作经验，才能获得 CMA 资格。实务经验的认定范围包含财务分析、预算编制、管理信息系统分析、在政府或企业界级管理会计或审计工作、管理顾问、担任管理会计相关科目的教师等。两年实务经验可在考试前取得，或在通过 CMA 考试后 7 年内取得。取得 CMA 资格后，需维持 IMA 会员资格，并符合持续进修的规定，才能继续保有 CMA 的资格。

（二）CIMA 认证体系

总部位于伦敦的 CIMA 和总部位于纽约的 AICPA（American Institute of Certified Public Accountants，美国注册会计师协会）对外宣布，双方各自的理事会已经审议通过双方的合作计划——组建世界最大的会计师组织并推广一个新的全球性会计资格证书，该新证书命名为 CGMA（Chartered Global Management Accountant，全球特许管理会计师），新证书标志着持证人在管理会计、绩效管理和企业战略等方面的卓越能力。

全球特许管理会计师的推出，旨在全球范围内推广、提升管理会计这个财务与战略结合的职业。CGMA 头衔就是代表着拥有高超的财务技能和管理技能的复合型人才，凭借 AICPA 和 CIMA 这两大全球最负盛名的会计组织所享有的资源与声誉，CGMA 得到了全球范围的公认。

CIMA 是全球最大的管理会计师组织，AICPA 是全球最大的职业会计师组织，会员遍及财务与会计的各种岗位。AICPA 在北美的实力和 CIMA 在欧洲、中东、非洲及亚太地区的影响力，将有助于提高管理会计在美国的业界地位，并有利于管理会计在全球范围内的推广。

二、财务共享领域认证体系

（一）ACCA 认证体系

过去几十年，越来越多的企业开始通过共享服务外包来提高服务质量和效率，降低成本。作为一种高速发展的财务模式，共享服务已经成为财务转型中一个重要的组成部分。借助全球共享服务领域的迅猛发展势头，ACCA 适时听取首席财务官及企业的需求，推出 ACCA 全球共享服务证书，帮助有志从事共享服务的人士拓展职业机遇。

在该证书的中国首发仪式上，ACCA 财务运营执行总监郑孟德说："全球共享服务已不仅仅是用于提高各职能部门合作效率的手段，它是企业在共享服务管理方面的一个基本转变。采用全球共享服务模式，将使财会部门被释放出来承担更高层级的任务，从而创造更高的价值。因此，ACCA 认为是时候引领变革，通过提供全新的资格认证来帮助企业培养高效的团队，实现财务转型。"郑孟德还表示，全球共享服务模式超越了企业的传统部门，它的有效实施通常取决于企业是否从一开始便建立了有效的领导结构，而且需要来自整个企业，包括董事会、首席执行官和首席运行官的支持。

（二）全球共享服务证书

一直以来，ACCA 通过其专业资格纳入大量的调研项目，以及与企业和政府机构的合作，为共享服务行业的发展提供支持。在现有资源的基础上，ACCA 针对共享服务领域专门设计了三类全新的专业资格证书：

全球共享服务基础证书：该证书包含独立的在线评估课程，涵盖全球共享服务企业员工所需要的基础知识与技能。

全球共享服务证书：该证书包含基础证书的 5 个模块和 ACCA 资格课程中相关的财务和管理会计知识。它能够有效提升员工的财务专业技能，以便胜任更有挑战的角色。

全球共享服务高级证书：该证书更注重在高级财务管理、管理会计和绩效管理方面提高员工的共享服务专业技能。顺利完成全球共享服务证书，不仅能帮助企业员工获得共享服务工作所需的专业知识，还将为他们进一步学习 ACCA 资格课程、成为技能全面的财务管理人才打下坚实的基础。

全球共享服务中文版课程定位于中国的集团企业与高等院校，以及共享服务或外包服务的相关从业人员，中文版课程将更易于中国财会人员学习与理解，同时能够为学员提供共享服务必备的知识储备，并提高学员的相关从业能力。ACCA 在 2016 年推出了共享服务行业的人才培养认证体系——全球共享服务证书，旨在将战略前瞻思维和高超专业技能结合在一起，培养塑造全球商业未来的现代专业会计师。证书配套的培训课程涵盖了共享中心员工需要具备的全方位知识，能够帮助企业完善培训体系，加速全球共享服务进程。

第五章 财务共享服务中心制度管理

第一节 财务共享服务中心制度管理的必要性

一、科学统筹财务资源配置，全面降低企业运营成本

与以往传统的工业集团企业内部整体财务管理与经营模式相比，科学构建财务共享服务中心，意味着企业财务管理的相关职员在日常岗位职能实施过程中，不再局限于"记账、算账、审核账目"的单调形式，更重要的是全面提升对财务管理职能实施效果的整体重视度，将财务共享流程中的"确认、计量、报告"等业务项目进行有效落实。整个活动的开展过程，通过对业务项目的合理分类与规范化处理，将以往需要上百人的企业财务管理工作进行有效"减压"，这不但大幅度降低了财务管理岗位职员的日常实际工作量，更为充分降低企业日常经营成本损耗奠定了坚实基础。

二、统一核算标准，提升核算质量，为数据资源有效运用奠定坚实基础

在现代化经济发展环境背景下，我国当代社会工业集团内部财务共享服务中心建设整体流程以统一化管理的财务会计基础核算制度与相关会计管理体系为核心基础标准，通过明确日常会计管理工作，合理掌握共享服务单位实际发展需求，以确保财务共享服务中心建设流程的"准时、准确与完整性"，为企业数据信息资源的合理性运用奠定

基础。

三、统筹资金管理，提高企业资金整体使用效率

现代工业集团企业在合理建设财务共享服务中心之后，通过科学化手段建设统一化管理的企业资金"管理池"，有助于企业实时关注内部资金整体动态信息。与此同时，企业日常经营过程中所产生的沉淀资金可以进行二次运用与开展合理性投资，以此充分降低企业日常整体融资成本损耗，进而提升整体企业的资金运用率。

四、强化财务管控力度，全面降低经营风险

据调查，我国以往传统的企业整体组织结构较为紊乱，企业高层领导者无法针对旗下的分公司与子公司进行经营项目活动的全面性监督与管理，尤其是对于正处于规模快速拓展的工业集团企业而言，整体监督与管理难度较大。

通过科学化手段进行财务共享服务中心的合理性建设，针对企业财务管理集中化处理进行有效落实，借助统一化财务会计监督核算方式，不断细化企业财务监督流程，将集团名下的分公司与子公司业务从发票细节审核到财务经营实况进行统一汇总并报告于财务共享服务中心，展开标准化的处理。整个处理过程"标准且透明"，不仅有利于帮助企业针对财务实时数据进行全面性监督，更有利于降低企业日常财务管理过程中相关风险问题产生的实质性概率，避免企业陷入严重的财务危机中。

第二节 财务共享服务中心制度管理存在的问题

一、企业财务共享服务中心战略定位不明确

战略定位是指为配合企业整体经营战略而确定的财务共享服务中心的主要工作目标，以及为实现目标而采取的措施。战略定位主要包括战略目标的选择、战略结构的优化和战略职能的规划三方面。战略目标的选择影响着财务共享服务中心的实施重点，也影响着财务共享服务中心制度建设的规划与侧重点。企业在确定战略结构时，应综合考虑企业财务管理的现状、共享服务中心的规划与不同结构类型之间的差异，应具有战略结构持续优化的思想。企业的战略职能规划决定了财务共享服务中心的战略定位。由此可见，确定企业财务共享服务中心的战略定位是财务共享服务中心制度实施的先导性工作，而战略定位的目标不同以及战略定位在企业集团的重要性不同，是构成财务共享服务中心制度建设不同的"导火线"。因此，根据财务共享服务中心的战略定位开展制度的重建或建设工作是有必要的。

企业财务共享服务中心的战略定位随着工作性质的变化而不断变化，大概经历了三个主要阶段：作为公司内部的职能部门，作为独立运营的责任主体，成为营利组织。企业对战略定位的识别是其制度建设的前提和基础，也是其后期建设出现的基本问题。企业财务共享服务中心的战略定位不明确主要来自三个方面：一是企业对于财务共享服务中心实施本身的定位不清楚，二是企业构建财务共享服务中心的出发点不明确，三是企业高层对构建财务共享服务中心目标认识不够深刻。而高层没有指定战略定位的原因如下：一是企业本身没有进行其建设的经验；二是尽管进行建设，但并没有充分利用财务共享的价值。

二、财务共享服务中心组织架构设计存在缺陷

企业的财务共享服务中心建立后，其财务组织结构发生巨大的变化。组织管理不是

简单的一张组织结构的图表，而是为核心业务建立有力的组织结构管理体系和制度保障。无论是与财务部门平级，还是隶属于财务部门，它的组织架构都是由独立、分散、分级的财务管理体系转向基于扁平化的管理理论——集战略财务、共享财务、业务财务于一体的管理制度体系，因此，如何通过制度明确各机构的权责就显得格外重要。组织架构各部门职能与职责不匹配，各岗位职责规范不明确，导致各部门之间相互推诿、权责划分不明确；上下级之间的权责范围不合理，从而引发内部冲突。这些问题在问卷中都排在前边，都体现出财务共享服务中心组织架构设计存在缺陷的问题。而这些问题主要集中在建筑行业，建筑行业注重上下级之间的权限范围。但在实践中，正是因为其业务分布世界各地，各项目管理部不愿因为财务共享而失去财务权利，这也正是组织架构设计的关键节点——如何合理划分机构职能，制定各部门的管理办法及明确工作职责。

不同行业的组织架构设计的重点不同，对于以"服务"为主的行业更注重各部门的管理办法及工作职责的规定，但实际推行中发现如何保持各部门管理办法的合理、平等及公平就显得格外重要，这是企业面临的问题。

三、财务、业务流程制度缺乏统筹融合，协同效应不明显

流程管理制度是各大企业在财务共享服务中心制度建设中的重中之重。财务共享的实质是对财务、业务流程进行革命性的改变，它由各部门各自工作转向各部门业务流程共同完成，提倡业务流程的规范化管理和后续优化。在对问题的调查中发现，多数企业在财务、业务流程制度建设中整合不规范，不能统一标准，缺乏融合性且不能抓住财务、业务流程的关键节点，导致后续流程衔接不畅，实施效果不好。不仅如此，财务共享服务中心的建立使得企业财务、业务融合，财务、业务融合后协同效应才会明显，但是由于流程制度缺乏统筹融合导致共享服务中心财务与非共享服务中心业务出现了断层。除此之外，缺乏统筹融合还表现在企业的新、旧流程在交接过程中无依据可寻，新流程无明确指南，出现骑马找马的现象；即使有相应的制度，但规定不明确细致，导致出现问题后互相扯皮、推诿。面对这些情况，企业管理者更是束手无策。

四、财务管理制度统筹协调不足

从制度层面考虑,财务共享服务中心的财务管理制度是财务部门制度的一种,与其有关的其他部门的制度包括预算管理部门制度、战略财务部门制度等。财务共享服务中心的财务管理制度是整个组织的核心制度,既是重要的制度,又是制度项目规定内容最多的制度。企业推行财务共享服务中心制度建设面临的问题中约30%是财务管理制度的问题,且前10个问题中有4个是财务管理制度问题,可见财务管理制度问题是企业面临的难题。目前财务共享服务中心的财务管理制度与其他部门的制度统筹协调不足,同时缺乏与下属公司保留的业务、财务制度衔接,主要表现如下:

第一,财务共享服务中心有关应付、应收流程制度对每一个环节的规定及权责划定不明确,不清晰。应付、应收流程涉及的环节众多,财务共享服务中心要与业务、采购、仓库管理等部门发生数次联系,所以对其在平台上的流程,每一个关键点的规定都要谨慎,都要统筹规划,制定规定时更应该谨慎、明确。

第二,财务共享服务中心的建立使得费用报销程序发生改变,而费用报销制度的审批流程及人员的权责安排是企业财务共享服务中心制度建设的难题。

第三,企业财务共享服务中心制度只是单一考虑中心系统本身,忽略了预算管理系统等方面的制度。对于企业的预算管理工作,有些企业财务管理人员认为预算应该由预算管理部门协调,但预算流程涉及财务共享服务中心,由财务共享服务中心协调也不为过。财务共享服务中心制度应秉着事前、事中、事后评价的原则,统筹协调预算管理制度。

第四,财务内部控制制度、核算管理制度协调性不足。工作性质发生改变,财务报表制度、财务安全应急方案不变,导致面临的风险增加。

五、人员管理制度缺乏有效激励机制

人员管理制度是企业进行财务共享服务中心制度建设不可忽略的部分,人员管理制度主要包括薪酬管理办法、财务人员培训办法、组织绩效办法、岗位绩效考核办法、职业发展规划等。在财务共享服务中心建立之前,企业财务人员的绩效实行"一刀切"的管理制度,财务人员完成既定的财务工作即可;财务人员的培训也只局限于财务专业知识和财务专业技能的培训等。随着财务共享服务中心的建立,财务共享服务中心的人员管理是按照财务人员的绩效评价标准还是具有特殊的标准不明确。虽然财务共享服务中心有自己的人员管理制度,但是仍存在激励不足等问题,表现如下:

首先,人员管理制度的有效激励不足。财务共享服务中心的工作人员转行、跳槽现象屡屡发生,因为财务共享服务中心的工作大多数是单一、重复性的工作,一般只要掌握其中的标准就会出现机械工作的现象;再加上财务共享服务中心在人员奖励的制度上不改以往的"一刀切"制度,造成财务共享服务中心的工作人员工资普遍偏低的现象,一些有才能的人员便纷纷离职去寻找更好的出路。

其次,财务共享服务中心反馈机制实施困难。多数财务共享服务中心的工作人员对企业集团或分支机构财务提出的建议、要求视而不见,以至于其他人员不再提出意见。

最后,财务共享服务中心制度中没有系统的员工培训办法、轮岗办法。

六、系统安全防范体系、权责体系不完善

企业对 ERP 系统原有的规定主要包括财务信息系统的数据安全防范、员工操作规范、系统权限控制体系等。而企业建立财务共享服务中心需要在此系统上进行大量单据录入、存储、加工、存取等工作,因此,信息数据安全很重要。企业实施财务共享服务中心制度建设面临的系统防范安全体系、权责体系不完善的问题,表现在以下两个方面:

一方面,当前系统的安全管理制度不足以满足财务共享服务中心系统对安全性的要求,财务共享服务中心掌握自己和下属机构的机密数据,目前的安全制度没有涉及下属机构的信息安全保护规定。另外,企业进行财务共享服务中心系统管理无论是自建系统还是外包系统均无相应的制度规范系统的日常检查、维护,更不用提应急方案的制定,这也是系统安全防范体系不完善的表现。

另一方面,下属企业财务信息有泄露风险,财务共享服务中心系统管理制度对于系统权限的设定不明确,对于数据信息来讲,财务共享服务中心的员工优先获得,而员工获得的多少、员工的系统权限范围也就是如何规定与职位相应的系统权限管理是目前系统面临的问题,员工本应只能看见自己的工作内容与权限,无权访问整体系统,而现在财务共享服务中心系统制度缺乏类似的规定。

第三节 财务共享服务中心制度管理问题的解决措施

一、合理设计财务共享服务中心的组织架构

（一）合理划分机构职能，明确岗位职责

企业建立财务共享服务中心，使其基础核算与管理职能分离，机构职能有别于传统的部门。财务工作中会计记录、确认、计量的功能及业务部门的业务流程几乎全部集中到集团的财务共享服务中心平台上，各分支机构不再设立相同的职位，这样财务共享服务中心涉及的职位与岗位相比企业之前的财务部门的范围更多、更广。不仅如此，财务共享服务中心的建立给财务部门、业务部门的机构划分及职责带来了改变。财务共享服务中心的职能机构划分原则尤为重要，要结合自身工作情况及财务共享服务中心平台建立情况，采取问责机制，责任到部门、到个人，做到基础核算与管理分离。

（二）合理制定上下级之间的权限范围

企业要意识到实施财务共享后的制度是基于整个企业的制度，所以制度的制定必然会涉及多方利益，如果制度规定权限不合理，就容易造成多方利益机构的不配合，从而激化内部矛盾。所以企业在制度建设时要权衡各方的利益，制定合理的权限范围。首先，通过财务工作的客观公正性得到人员的一致认知，可以一定程度上缓解冲突和矛盾；其次，从财务共享服务中心制度的原则出发，全面考虑问题。

财务共享服务为整个企业各个层面服务。业务财务主要侧重于与企业业务发展相关的财务计划、预算管理、财务分析和成本管理等工作；专业服务侧重于企业整体与财务相关的税务筹划、成本规划、风险管理和财务管理等工作。

（三）提高服务质量，加强沟通

企业建立财务共享服务中心本身就是对传统组织模式及财务权限的挑战。权限上移导致各分支机构的工作人员有抵触情绪，以及在新的工作模式下各部门之间协调工作不畅通。因此，企业应从财务共享服务中心本身的质量水平出发，加强与工作人员的沟通，

这不仅能提升工作人员对企业的接纳程度，也能更好地发挥财务共享服务中心的财务服务工作。因此，企业在组织结构管理上应以工作人员的需求为出发点，提高工作人员的服务意识，从而提高服务质量，加强沟通反馈。

此外，为了减少内部冲突，企业可以在财务共享服务中心成立服务组，服务组可以单独设置人员，也可在现有的工作人员中发掘人才轮流值班。服务组专门负责解答工作人员在财务业务处理过程中遇到的问题，随时接受工作人员对企业制度、政策等方面的查询，以解除其顾虑，减少内部矛盾发生次数。

二、有效融合财务业务流程制度

（一）标准统一、基础统一，控制流程关键节点

企业对财务业务流程不能统一标准，且不注重财务业务流程关键节点及重要程序的规范，有可能会导致后续流程衔接不畅，实施效果达不到预期设想。因此，设计流程制度时，要遵循由简单到复杂、由易到难的原则，这一原则的基础便是标准统一、基础统一。标准统一是对业务审批标准、财务核算标准等的统一；基础统一是对会计相关的政策制度、会计科目设定、核算明细等进行统一。企业请财务业务有关的流程专家及本企业的主要业务人员对企业以前的流程逐步分解，找到流程中的关键节点。控制流程的关键节点可以增强企业的事前预防能力。

企业可以秉承"高起点建设、高质量运营"的理念，在财务业务流程制度建设方面凸显客户服务思想，遵循"全业务、全流程"的原则，在财务业务流程设计的过程中注意每个节点的相互配合、有机结合。

（二）重视流程制度的后续优化管理

企业在很多情况下不注重流程制度的执行情况和后续相关的优化管理工作，假如企业不能及时有效地解决流程制度在执行时遇到的障碍，忽视流程制度的后续管理和优化，将降低制度执行的效果，使财务共享服务中心的工作得不到保障。因此，要不断解决流程制度的执行问题，及时更新制度建设，加强对制度执行情况的跟踪。企业可设置专门的流程制度检查小组，及时有效地解决制度不符合实际情况的问题。针对流程执行问题，建议企业：一方面，成立专门的流程项目小组，全面细化财务共享服务中心的每

个流程,并对流程不断地进行多维度的评测,及时发现执行中的问题;另一方面,定期进行流程问卷调研,结合调研情况改进自身的缺陷,不断优化流程制度。

三、统筹协调财务管理制度

(一)细化财务共享服务中心的财务流程规定

企业为强化财务共享服务中心有关财务管理制度的威信力,使财务、业务员工有效地执行本职工作,可根据自身情况发布《财务共享服务中心财务工作规范指南》,并明确细化财务共享服务模式下财务工作的各项标准、职责。

(二)创新财务内控管理制度,搭建企业风险管理的"防线"

企业建立财务共享服务中心以后,将以前相对独立、分散的项目通过整理统一到共享平台上。财务内控管理制度主要包括:资金管理制度,以防止资本外流;通过财务共享服务中心的平台对固定资产、无形资产的登记、录入、折旧政策,以保证资产数据的真实有效;应收应付账款制度,确保企业在中心系统和银行的往来之间的应收应付账款的及时收回和确认;成本的预算及核算原则,来发挥成本控制的功能;全面预算制度,来保证企业各项费用支出按照之前设计的预算方案执行等。

(三)执行财务审批制度,搭建交叉型稽核体系

企业建立财务共享服务中心后,将企业各分支机构的所有银行账户的控制权交给总部掌握,实行对货币资产的统一管理、审批、使用和监管,一方面解决了分散经营管理模式下资金难管理的难题,另一方面规避了潜在的审计和法律风险,其中财务审批制度必不可少。财务审批的审核人员是财务共享服务中心系统随机选取的专业财务人员,避免了"人情化"的因素影响,保证事项的审批审核客观公正。在财务共享服务中心人员审批之后,为保证准确无误,再对审核通过和未通过的业务进行复核差额审批,如两次审批人员审批结果相同,则通过审批;若两次审批结果不同,这笔业务会转向审批负责人审批,审批负责人再进行终审,这样一来,经过两次或三次的审批程序,审批结果更具有说服力。

四、建立科学的人员管理制度

（一）制定财务共享服务中心人员知识培养方案

企业建立财务共享服务中心后，需要对财务人员与业务人员做出新的定位，财务人员所具备的不仅仅是财务知识技能，还包括对业务前端的学习、了解，因此，企业要重视对人员的培养，在财务共享服务中心不同的发展阶段，进行不同的持续的培训管理。

（二）健全财务共享服务中心人员考核办法

财务共享服务中心的工作人员从特点来看可分为两类：一类是基础业务的运营人员；另一类是运营管理及技术支撑人员。企业可对不同类型的人员设置不同的绩效考核办法。运营人员的绩效考核从岗位特点看应着重考虑两方面：一是量化指标，通过计件的方式多劳多得；二是对做出创新性的财务运营人员给予奖励。由于财务共享服务中心以处理费用报销、应收等业务为主，通常情况下，数量以实物票据的分数计算，但是同一份票据处理的难易程度不同，在这种情况下，将单据按类型分类，以业务量最低的一类数据作为基准，再将各类单据转换为最低标准的倍数，这样便更加公平。运营人员的考核目标还可以从业务处理质量、业务处理效率以及客户满意度等方面考核。运营管理及技术支撑的财务人员是财务共享服务中心的核心，工作职责是负责财务共享服务中心的运营与开发，他们的一举一动影响着财务共享服务中心的发展，这部分人大多具有技能水平高、专业能力强、创新能力强等特点。但是他们的工作是否能创造价值，是否更有意义很难评估。因此，针对此类人的绩效评价可综合管理者绩效标准、个案评价等方式。

（三）完善财务共享服务中心的轮岗管理办法

财务共享服务中心的日常工作类型分别为流程交易类、财务专业类、决策支持类。首先，对于流程交易类的人员，其工作特点是技术含量不高、专业性低、发展空间窄，只要通过简单的岗前培训和业务熟练度培训即可完成工作；同时，其工作内容大多是重复性强、枯燥的。所以，对于这类人员可进行定期轮岗管理，避免重复枯燥的工作使员工产生懈怠、不积极的工作状态，减少流失性。其次，对于财务专业类及决策支持类人员，他们作为财务共享服务中心的主干力量，通常为管理者，相应的素质能力高、技术含量高、专业性强、财务业务知识储备多。企业可建立储备人才库,培养中高层管理者。储备人才可以进行轮岗,从基层逐渐向中高层跨进。

五、完善系统管理制度

(一)建立健全安全管理制度

企业建立财务共享服务中心后,大量的重要信息全存储在系统上,尤其是信息数据直接或间接地通过网络连接,数据安全管理制度就显得格外重要。企业可以从技术层面和管理层面多维度地规范系统使用原则,为系统数据创造安全、稳定的内外部环境,以抵制系统内外部不良因素的威胁。一方面,在技术层面,建立一套自上而下的多层次的安全防范体系,加强对数据输入、传递、输出的准确性的控制;另一方面,从管理层面,建立科学严格的安全管理制度,建立企业的信息隐私保护制度。制度应该从安全性、可靠性、灵活性入手,将内控制度嵌入财务共享服务中心的系统管理中,减少人为操纵因素;加强内控管理,提供良好的内部系统环境;加强对系统的安全性、可靠性和灵活性的管理,增强企业的抗风险能力。制度的可靠性要求企业从本身的情况出发,可设多层级检查制度。企业可通过信息加密、数据传输的把控等管理制度为系统营造安全的环境。灵活性要求制度管理能针对内、外部环境灵活地调整与应对。政策改变时相应的制度管理随之调整。为了增强灵活性,需要在系统管理的建设中考虑可能的变化。

(二)设计科学的系统权责体系

财务共享服务中心的系统是企业提供服务的平台,平台的操作权限与权责范围是信息数据安全的保障,因此要制定科学的访问权限。利用先进的互联网技术,依托 ERP 系统,在系统建设中参照商业银行系统的设计模式,开发"财企直连"系统,强化对资金流的掌控力度;在人员权限管理上,根据种类及工作的内容设定不同部门、不同级别的分层次系统访问权限;在系统升级优化管理上,开发云技术化的财务系统,实现跨地域的财务数据的大集中,为其财务政策制度的统一提供好的平台。

六、健全财务共享服务中心制度建设配套制度

为保证财务共享服务中心有效地运行,只包括财务共享服务中心制度建设与财务有关的制度是远远不够的,与之相配套的制度也不容忽视。在服务管理、质量管理、现场管理、时效管理以及会计档案管理办法等方面,企业需要做到以下几点:

第一,在服务管理方面,企业可以采取建立首问责任制、咨询规范、双向评估、客户追踪等制度,设定目标展开评估,如时效指标、时长指标、服务质量指标、客户满意度指标等,最终实现"准确答复、回复详细、数据充分、口径统一"的服务目的。

第二,在质量管理方面,企业加强质量宣传,开展员工培训,强化员工的质量意识。可通过交叉审核、定期检测、定期报告等制度加强质量方面的控制。

第三,在现场管理和时效管理方面,现场管理指导员工爱护公共工作环境、定期清扫办公桌等,以培养员工的良好工作生活习惯,保持良好的外部形象。时效管理方面,采用定量制度分析,从财务共享服务平台的处理流程、员工业务处理数量、财务管理等多角度确定时效的"瓶颈",并定期统计时效报告,保证财务共享服务中心高效且有秩序地运行。

第四,在会计档案管理办法方面,基于档案环境的变化,在财务共享服务中心的每个环节,制定标准化的档案留存制度,降低档案管理成本;确保会计档案和电子档案一致,防范档案形成过程中的风险因素。

第六章 财务共享服务中心质量管理

第一节 财务共享服务中心质量管理的必要性

一、有效提高会计核算质量

企业财务共享服务中心能够实现对整个企业会计核算数据的收集整理,整个企业的会计账务处理都在财务共享服务中心完成。运用质量管理手段,采用抽样检查、工序检查、内部互查、登记反馈、影响稽核等质量检测方法对每月审核的单据进行监督检查,发现问题及时下达,业务人员确认无异后沟通整改,作为质量单据按错误等级进行处罚。这种方式可对业务人员起到警示作用,质量检查过程中发现的问题汇总登记,下发给全体员工学习,避免质量问题重复发生,有利于财务共享服务中心会计核算质量的提升。

二、有利于统一单据审核标准

健全质量管理体系能够规范企业财务共享服务中心会计核算标准,财务共享服务中心依据业务指导书的要求及质量检查过程中发现的问题,将财务核算信息按照统一标准进行管理,员工按照统一标准报销费用,财务共享服务中心业务人员也按照统一标准核算。单据审核标准统一,能有效避免多重标准给审核工作造成的困扰,不但可以提升会计核算的工作效率,还能够减少其他部门员工对企业财务共享服务中心产生的不满情绪,避免单据审核不统一给财务共享服务中心带来负面影响。

三、有利于提升财务共享服务中心的服务质量

企业财务共享服务中心可以根据质量管理目标要求利用互联网技术为企业其他业务部门及各个子公司提供高效率、低成本、标准化的财务共享服务，质量检测过程中被确认的质量单据，整改人会及时与提单人沟通，告知提单人错误原因并要求予以整改，保持沟通过程态度良好，使其错误得以更正，既提高了会计核算质量，又统一财务共享服务中心单据审核标准，降低了退单率，与其他部门及子公司员工的矛盾和冲突减少。在财务共享服务中心服务满意度调查时，财务共享服务中心的服务质量得以提升，就能更好地为企业及各个子公司提供共享服务，为企业创造更大价值。

四、有利于提升会计职能监督工作水平

会计的职能监督是保证财务工作得到规范化运行的关键。在财务共享服务中心得到构建的情况下，财务会计工作的程序将可以具备更高的规范性，保证财务工作可以按照固定的顺序逐步实施，有效地规避不同类型的会计风险。在应用财务共享服务中心的过程中，传统财务会计工作的模式将发生变化，财务工作人员将可以更加有效精准地回应对财务信息的审核，并提前进行风险因素的预测，为会计监督工作机制的创新发展提供成熟保障。在构建会计职能监督工作体系的过程中，财务工作专业人士将实现对财务共享凭证的有效审核，并使财务共享服务中心的会计可以更加有效地实现对审核性质工作细节的创新处置，确保会计审核质量得到优化。

五、有利于提高财务工作的效率

在财务共享服务中心得到创新构建的情况下，财务工作相关的档案资源将可以实现有效的创新处置，尤其可以使财务管理工作的相关风险得到完整的控制，保证财务管理业务实现效率的提升。在应用财务共享服务中心的过程中，初始性工作的质量十分重要，可以在技术因素的帮助下得到改进，与此相关的技术性资源也将得到整合。因此，财务共享服务中心可以凭借信息资源的完整收集和应用，实现对财务共享体系的创新改进。

财务共享服务中心在创新应用的过程中,可以使财务工作相关的基础性业务得到整合控制,使财务共享服务中心可以在软件资源的成熟应用之下,实现对财务数据收集查询方案的创新处置,为财务工作处理效率的优化提供技术性支持。财务共享服务中心能够促进财务工作群体精英的有效整合,并在提升财务工作顺畅性的同时,实现对财务数据的完整收集,保证财务管理工作的总体效率得到提升。

六、提升财务档案管理工作的规范性

财务档案的规范化管理可以为财务工作的创新处置提供完整的支持。在财务共享服务中心构建的过程中,凭借互联网技术创新推广的有利条件,财务档案管理工作可以得到更高水平的技术性支持。财务档案管理工作将可以在财务共享服务中心的帮助之下实现合理的创新。在财务共享服务中心应用的过程中,财务管理工作可以借此具备更高的安全性,原始的档案凭证将可以凭借电子扫描的方式得到创新改进,在这种情况下,财务共享单位在进行信息资源的获取方式创新过程中,可以成熟有效地适应纸质凭证的创新调整需要,充分适应财务共享服务中心的创新性建设要求,为财务档案更好地发挥问题识别效用提供帮助。

第二节 财务共享服务中心质量管理存在的问题

一、财务共享服务中心内部机构设置不健全

财务共享服务中心是独立进行管理的集成平台。财务共享服务中心的质量管理工作往往与运营管理工作合并在一起由运营管理部门负责,由一名或是几名管理人员兼职从事质量管理工作,兼职作业势必减少抽样审核、专项质检的单据数量,发现问题的概率就会变小,没有独立的质量管理部门,责任划分不清,质量管理部门无法充分发挥应有

的监督职能。

二、会计核算不规范出现质量问题

财务共享服务中心对票据进行集中处理，主要工作内容包括票据审核、制度规范的控制和账务合规性处理。由于工作量较大，票据审核较多，报销种类多种多样，财务共享服务中心的业务人员在审核复核单据时会出现各种问题：

其一，票据不合规，如单据与实务不相符，缺少必要附件（发票、结算单、工资表等），发票税目与税率不匹配，地税发票入账，发票备注信息未填写等。

其二，违反企业制度规定，如违反差旅费文件规定、超标准报销车票或住宿费发票、违反共享服务中心制定的审核细则要点、单据类型错误等质量问题。

其三，账务处理错误，如影像金额与表单金额不一致、未预览凭证导致会计科目使用错误、支付方式填写错误、业务大类与实际业务不匹配等问题。

这些问题直接影响会计核算的质量水平。

三、资金支付、运营数据维护、影响稽核出现质量问题

企业财务共享服务中心质量管理工作还涉及资金结算部门、运营管理部门、票据档案部门的工作内容，在质量管理工作中，这些部门也可能会出现不同类型的质量问题。资金结算部门可能会出现由于个人原因造成的单据多付、账户付错、跨月漏付等情况。运营管理部门可能会出现基础数据或权限维护错误、漏填，维护信息超时等问题。票据档案部门可能会出现请示报告单未登记归档、补扫单据稽核结果错误等问题。这些问题通常由提单部门发现并反馈给质量管理部门，质量管理部门登记为质量单据。

四、财务共享服务中心质量管理面临的风险

第一，财务共享服务中心成立以后，所有工作人员集中在一个地点办公，远离其他业务部门，采用远程方式处理其他部门及子公司的单据，对于业务的真实性无法准确判断。

第二，财务共享服务中心大部分人员从事简单、重复且强度较高的工作，使其对前端的财务知识脱节，一部分人员考虑今后择业，就会选择辞职，招聘新人入职后，虽然也会对其进行短期培训，但对于业务的熟练程度远远不及其他在岗人员，对财务核算准确性和一致性产生一定的影响。

第三，财务共享服务中心是在大数据背景下的信息化高端产物，如果某一端口数据设计出现错误，造成系统间数据不匹配，直接导致后端数据连带错误，使得系统质量管理模块无法正常使用，抽取单据信息统计错误，直接影响财务共享服务中心的整体差错率评估和质量管理报告数据。

第三节 财务共享服务中心质量管理问题的解决措施

一、改进内部机构的设置，完善质量管理职能

财务共享服务中心内部应设置独立的质量管理部门，有专职质量管理负责人及质量管理人员，根据企业实际情况，制定并执行符合企业要求的质量管理制度，进行工序检测，即下一工序对上一工序的检查和监督，以及分析检测，即通过数据的逻辑性判断检查质量、工序问题，并通过抽样、专项检查、专项统计、专项分析、流程梳理等方法，定期专项对工序、质量等指标进行逻辑性、合理性、实操性、规范性等方面的检测、检查、核对。通过检测、检查、核对纠正偏差，完善质量体系和工序，查找偏差的原因，以保证集中核算工作的质量和时效。另外，运营管理部门要对进行后台调整的质量问题单据进行登记，票据档案部门对稽核过程中发现的质量问题单据进行登记，资金结算部门对错误支付单据进行登记，各部门按月上报质量管理部门，由质量管理员汇总后与抽样检查发现的质量问题一同下发给财务共享服务中心其他部门，其他部门确认无误后，按时出具质量评价表及质量管理报告，对财务共享服务中心完成各项财务工作起到监督指导作用。

二、优化人力资源管理模式，提升财务共享服务中心质量管理水平

企业财务共享服务中心的质量管理水平的高低直接受到会计核算人员综合素质的影响，企业应该大力招收高水平、专业技术扎实的会计核算人才，加强对会计核算工作人员的业务标准化培训。质量管理部门负责人应根据质检过程中发现的问题向培训部门提报业务标准化培训需求，有针对性地组织培训，提升现有会计核算人员的整体素质，加强现有人力资源的转向和培养，同时提升财务共享服务中心各业务部门的标准化操作水平，促进企业财务共享服务中心会计核算质量管理体系的进一步完善。

三、质量管理与绩效考评相结合

质量检查过程中发现质量问题的数量按照等级标准折合成相应金额，在员工的绩效奖金中扣除。质量检查结果按月报送运营管理部门，在汇总当月单量的同时将质量单据汇总附后，作为绩效考核的指标之一。同时建议，财务共享服务中心的业务人员提出的质量改进意见被采纳的，应当给予业务人员相应的奖励，主管、部门负责人一同授奖；每月对各部门进行质量评比，质量单据最少的部门、个人予以奖励。质量管理与绩效考评相结合，奖罚有度，激励共享员工。

四、优化质量管理风险管控措施

第一，财务共享服务中心的业务人员应严格按照相关的法律法规、共享服务中心制度审核细则和要点审核、复核单据，以已经发现的质量问题为戒，为财务共享服务中心质量管理把好第一道关。

第二，财务共享服务中心各部门内部自行检查。对已经完成的工作，就其可能存在的问题进行部门内部稽核，查缺补漏。另外，财务共享服务中心各部门之间互查，从各部门抽选出业务能力相对较强的优秀人员组建质量检查小组，按月抽取其他部门的单据

进行质量检测，从不同角度发现各部门存在的问题，并分析问题原因，进行整改规范。

第三，加强系统维护及数据加密，防止因系统漏洞导致质量管理模块无法正常使用，影响财务共享服务中心的质量管理工作正常进行。

五、端正服务态度，提升服务意识

优秀的财务工作者一定要具有主观服务意识，一定要理解委托方与被委托方之间的关系，主动优化委托方的业务流程和系统问题，对于出现的问题主动向委托方汇报，并且提出建设性意见。只有主动思考问题、分析问题，才能够更好地提升服务满意度，为企业的未来发展开辟新路径。财务共享服务中心应当以"服务为先、反映为本、监督至上"为服务宗旨，只有这样才能够从根本上保证财务共享服务中心的服务质量，为企业的财务管理给予更多保障。我国部分企业在财务管理中已经开始强调财务集中化管理，但忽视了服务理念。这种做法实际上是不对的，现如今企业要想长期稳定地发展，必定离不开优质的服务和创新式的发展理念，财务集中管理与财务共享服务的共同点在于都以信息化技术为载体，通过完善现有的会计工作来降低企业运营成本，进而更好地实现企业财务共享服务中心的集中式管理。

六、加强业务学习，提高专业化水平

无论是会计核算服务还是财务咨询服务，其最终的结果都要围绕财务共享服务展开。在未来的发展中，财务服务共享中心将会迎来新的机遇与挑战。要想让企业能够更好地发展下去，首先就应当注重人才专业知识的培养，只有让专业的工作人员做该项工作，才能够更好地实现创新式的发展，对于提升业务工作效率具有一定帮助。有些时候工作人员对客户的提问一旦不能给予肯定回答，将会导致服务产品失去其最终的作用，所以一定要安排专业的人员从事该项服务，只有这样才能够更好地实现企业的高效发展。无论是国有企业还是私营企业，要想更好地实现财务转型，一定要注重考虑自动化技术的融入，如机器人流程自动化技术、智能化技术，这些都是财务管理中较常应用的内容。只有从根本上提升相关工作人员的专业技能，才能够更好地促进财务共享服务中心的发展和建设。作为一名优秀的财会人员，一定要具备专业的判断能力，在一定条件下能够作为独立的第三方来为企业进行服务，这就是财会人员应该具备的基本能力。

七、财务人员转型，向复合型人才发展

所谓复合型人才就是专业素质强、能够适应多元化社会发展的人才。我国有很多企业注重财务人员的转型培养，例如，美的集团就十分注重人才的建设和培养，其在财务共享方面做得比较好，内部设立了标准化的管理体系，将财务工作认真落实到实际中。21世纪是一个信息化的社会，在现代化的社会发展中，信息化人工智能技术已经逐步替代了传统的手工做账，信息系统也已经开始升级，这种发展形势对于人才将会有更高的要求。要想在业务中最懂财务，在财务中最懂业务，就一定要成为复合型人才，只有这样才能够更好地胜任财务管理工作。复合型人才的培养是非常重要的，复合型人才既能够掌握财务共享工作中的理论知识，还能够做好实践工作，将理论与实践完美结合到一起，再融入一些现代化的信息技术，这样能够为企业的未来发展奠定坚实基础。

八、加强沟通联系，转变沟通方式

从宏观角度来看，财务共享服务中心具有财务监督和财务服务双重职能。在现代化的企业发展中，要想实现经营活动的创新式发展，就务必加强对其自身的监管力度，降低企业内部的财务风险，只有这样才能够更好地完善传统的财务管理体系。现如今很多企业财务管理部门都是按章办事，这样不免让人觉得缺乏人情味，而要想更好地实现创新式发展，就一定要注重多沟通和理解，只有鼓舞大家朝着一个方向去努力，才能够为企业开创新的未来。仔细观察可以发现，一些企业在成立财务共享服务中心的初期都以财务部门为主导，然后在其他部门的配合下开展业务。对于该项新的管理模式，相关部门一定要注重政策上的支持与鼓励。社会在发展、企业在进步，要想更好地适应未来社会的发展，就一定要与时俱进，注重财务共享服务中心未来的发展阶段和创新形式。只有制定出更多创新式发展机制，才能够更好地推动企业财务发展。服务方式的转换是为了更好地适应时代发展，为客户提供更优质的服务。各个部门之间应该加强沟通和交流，这样互相之间能够取长补短。传统式的管理方式并不适合现代化的企业发展，只有敞开心扉交流，才能够及时发现问题、解决问题，为企业财务共享服务中心服务的可持续化

发展奠定坚实基础。

九、提高工作效率，保证服务质量

对于任何企业来说，业务处理质量都是共享服务持续开展的条件，只有从根本上做好资金结算、费用稽核、付款审核、账务处理，才能够更好地提升产品服务质量，这既是企业发展的需求，也是人民群众的要求。在处理财务业务的时候，一定要尽可能地快速处理，这样可以确保会计信息质量，为企业做出管理决策提供重要信息，避免决策出现失误等问题。另外，高效率的业务处理也能够赢得员工的满意，为达到企业提质增效的管理目标奠定坚实基础。

第七章 财务共享服务中心绩效管理

第一节 构建绩效管理的框架模型及流程

绩效管理是企业管理者确保员工工作活动及工作产出能够与组织目标保持一致的过程。绩效管理不应当是简单的任务管理，它不仅要强调结果导向，还应当重视对过程的控制，这样才能有效地促进员工实现工作目标及其个人发展。

近些年出现了一些先进的绩效管理方法，如平衡计分卡、关键绩效指标法、目标管理法、360度绩效管理等，我国企业经过多年的实践，在其应用上收到了一定的效果，但由于这些方法均源于外国学者的研究成果，我国企业在具体应用时存在一些不适应的情况，所以我国很重视对绩效管理方法的整合与创新研究。从绩效管理方法的研究对象入手，可以看出，所有的绩效管理方法都不外乎是将"人"或"事"作为管理的对象或重点。完善的绩效管理体系必须兼顾"人"与"事"，兼顾"过程"与"结果"，这正是构建绩效管理综合模型、解决问题的关键所在。

一、模型的构建思想

绩效管理综合模型以目标管理为基本框架，从始至终体现了目标管理的思想，这符合绩效管理的系统性原则，同时也将整个绩效管理工作寓于企业战略层的管理过程。目标管理是一个过程，它使组织中的上级和下级一起协商，根据组织的使命确定一定时期内组织的总目标，由此决定上、下级的责任和分目标，并把这些目标作为组织绩效评估和评价每个部门和个人绩效产出对组织贡献的标准。因此，该模型从企业的经营愿景入手，综合企业的战略性考虑，确定企业层次的长、中、短期目标，进而确定企业的年度目标，并对其进行层层分解，由此形成完整的目标管理体系。设置的目标必须是可以度量和验证的，将这些指标作为定量的关键绩效指标，由绩效主管按照与员工共同预先确定的定量性目标并以其完成程度为标准进行考核，对考核结果分析汇总后，与员工进行必要的绩效面谈，从而检讨本年度绩效管理工作的不足，更好地制定下年度的目标。

  关键绩效指标是连接组织目标与个人工作职能的桥梁。关键绩效指标首先应当来源于工作岗位分析，因此，除了个人目标可以作为定量的关键绩效指标外，由工作岗位分析确定对组织目标起增值作用的工作产出，同样可以得出定量的关键绩效指标。由工作岗位分析进行的职能调查，是对其中少量的关键职责的确认和描述，可以得出定性的关键绩效指标。同时兼顾定量和定性指标，可以对组织人员起到真正的激励作用。绩效管理综合模型中融入关键绩效指标的具体实施步骤，就可以得到可以量化和衡量的、反映关键绩效因素的指标，这一点正好克服了目标管理在绩效管理中没有明确指标如何设置的缺陷。

  目标管理缺少对组织内人员的考虑，上级真正观察到下级工作的时间其实是很少的。360度绩效管理与其他的绩效管理方法相比具有更多的信息渠道，可以从多个角度来反映员工的工作，比只有上级和员工介入的方法更有可能发现公司存在的问题和员工的特点，它及时收集信息、并提供有效的反馈，使得考核结果更加客观、全面和可靠，特别是对反馈过程的重视，使得考核真正起到"镜子"的作用。鉴于360度绩效管理的特点，绩效管理综合模型将之应用于对定性关键绩效指标的考核，因为这些指标不易量化，评定时，为了避免主观因素造成干扰，采取多种角度考核的方法更有现实意义。而对于定量关键绩效指标的考核，由于这部分指标通过预先的目标设置、相应的工作产出与员工达成程度的比较，比较容易做出评定，所以绩效主管负责考核工作即可，这样可以尽可能节约时间和管理成本，更加经济、实用。

  综上所述，绩效管理综合模型借鉴了目标管理、关键绩效指标、360度绩效管理的先进思想与操作原理，结合现代企业面临的新形势、新问题和新挑战，对绩效管理方法进行了进一步的整合与创新，形成了更为完善、实用、适合于我国企业应用的绩效管理综合模型体系。

二、模型的流程

绩效管理综合模型的建立，总的指导思想就是操作过程尽量做到各项工作都要保证与企业总体目标的一致性，同时兼顾具体工作性质与内容来进行。

（一）准备工作阶段

这一阶段的工作主要以目标管理思想为指导。企业战略确定后，绩效管理工作的首要任务就是各级工作目标的设置，绩效管理综合模型有效地实现了企业战略向组织目标的转化。企业确定长、中、短期目标，最主要的工作还是确定企业总目标，在此基础上推动整个组织中其他各种层次支援性目标的建立，形成较为合理的目标体系框架。绩效管理综合模型的流程设计在这一阶段强调工作岗位分析，而这正是我国企业在进行绩效管理工作时易忽视的环节。工作岗位分析是人力资源管理工作的基础，更是绩效管理工作必需的前期工作。在模型中，通过对组织中各个岗位工作目的、任务、隶属关系、流程等包括需要完成任务方面的信息和有关完成这些任务所需人员特点方面的信息的收集与分析，一方面确定工作产出，为定量关键指标的设置做好准备；另一方面确定各种岗位的职能特征，明确定性指标的内容。绩效管理是一项复杂的工作，在实施之前企业要做好各项准备。为了绩效管理工作的顺利推行，在模型流程的第一阶段，企业应做好以下四方面的规划与推动工作：

一是以明确的目标和实现组织目标坚定的决心，保证绩效管理工作的开展。

二是确保管理者的支持与配合，以实现绩效管理的有效性。

三是依据企业的组织结构、人员状况、企业战略、企业文化等情况决定绩效管理工作的具体推行单位。

四是绩效管理需要全员参与，管理者应与员工进行充分的沟通，以获取员工的全力支持。

（二）设计实施阶段

这一阶段的工作主要针对指标及其标准的设置。由于目标管理对指标的具体设置未做出详尽说明，所以模型在这一阶段充分体现了关键绩效指标的特点。绩效管理综合模型中定量指标来源于工作目标和工作产出，即工作成果；定性指标通过职能调查、职位说明书获得，反映员工的特征与行为。

绩效管理的对象包括员工的工作成果，还包括员工的工作行为。所以，考核指标的选择既应当考虑影响工作目标完成的因素，也应考虑影响员工自身的工作行为的因素。除此之外，企业内外部诸多因素也会对指标的设置起到一定作用。鉴于此，影响指标取舍的主要因素归纳如下：

①企业应根据不同社会阶段对指标设置呈现的不同要求，把握好经济发展的动向，选取最有价值的指标。

②企业应对所从事的行业进行较为深入的分析和研究，依据所在行业的特点设置不同侧重点的指标。

③企业应根据自身的战略定位来选取相关的指标。

④企业应根据工作岗位的不同特点来设置定性或定量的考核指标。

此外，考核指标的权重是为了强调某一指标在全体因素中所处的地位及其重要程度，而赋予这一因素的某一特征值，它体现出该项指标在整体评价中的相对重要程度。对于从事不同职业、不同层次的员工，其各项绩效指标的权重设置各不相同。因此具体指标权重要根据员工的工作重点和工作内容对目标贡献的重要程度进行设计，最终由管理者和员工双方进行沟通后确定。

（三）考核汇总阶段

绩效考核是对员工在既定时期内对组织的贡献做出评价的过程，它是绩效管理循环中的一个重要环节。绩效管理综合模型对考核者的选择设计原则是：对于不同的指标采用不同的考核模式，对定量的绩效考核指标采用由绩效主管进行考核的方式，即上级考核模式；对于定性指标的考核采取360度绩效考核模式，当然对于不同的员工群体，针对具体情况也可以采用360度绩效考核的演化形式。总之，考核者选择什么样的绩效考核模式，一方面取决于被考核对象的工作性质和考核指标的性质；另一方面也要考虑到企业的实际情况。从考核周期上来看，绩效考核包括定期考核和不定期考核。对考核周期的设计，需要具体考虑绩效考核的目的、人员的工作性质、企业的发展阶段、绩效指标的类型等几方面的因素。考核结果的分析是绩效考核后的必需步骤。对于定量绩效指标的考核结果，由于只有绩效主管一人对员工进行评定，因此只需按照每项指标事先设置的权重，对每位员工的考核结果加权计算即可得出结果，整理工作相对较少；而对于定性绩效指标的考核结果，由于多个考核者的存在，因此在对每项指标加权计算之前，要对考核者设定加权系数，它反映不同考核者之间的考核信度，在此基础之上才能计算出最终结果。

绩效管理综合模型对于考核工作采用分类设计的方法，借鉴了360度绩效管理的思想，弥补了目标管理单一渠道进行考核的缺陷，丰富了考核信息的来源，增强了考核结果的客观性、可信性。

（四）反馈改进阶段

这是国内企业绩效管理工作较为薄弱的环节，然而这一阶段正是发现问题、解决问题的关键阶段。管理者与员工通过面谈的方式讨论员工的工作绩效并挖掘其工作中的漏洞，便于管理者更加全面地了解员工的态度和感受，从而促进双方交流，同时也为管理者提供发现自身可提高和发展的领域的机会，最终达到提高整体绩效的目的。在绩效管理综合模型的流程设计中，每年的绩效管理工作结束后，企业的管理者应组织绩效管理人员和企业员工对本年度绩效管理工作的完成情况进行检讨，通过讨论的方式挖掘绩效管理工作中存在的问题，并群策群力商讨出解决问题的对策；分析企业面临的新形势、新挑战，根据新情况对绩效管理工作提出新的要求。年度检讨为企业的绩效改进指明了方向。这一阶段绩效辅导的工作重点在于结合员工的绩效情况，帮助员工制订绩效改进计划。管理者在辅导过程中要对员工的正确行为进行认可，同时对下属有针对性地予以帮助和支持，这是绩效管理顺利实施并充分发挥作用的必要保证。管理者根据绩效结果向员工反馈信息时，与员工意见发生分歧的事情时有发生，这很容易使员工产生不满情绪，解决不当，就会引起争端。绩效管理综合模型通过建立员工申诉流程，使员工可以通过正当的、合理的途径反映他们对绩效管理内容的不同看法或意见。绩效结果并不是绩效管理的目的，而只是一种手段，重要的是绩效结果如何运用。绩效结果运用得当对员工能够起到很大的激励作用。绩效管理综合模型对于绩效结果除了用于员工的报酬、晋升、调任、淘汰等，还侧重于员工的发展用途，如为员工制订培训、发展计划和职业生涯规划等，以更有效地利用绩效考核结果，使员工素质和企业业绩同时提高。需要强调的是，绩效管理综合模型整个流程中的四个阶段，从始至终都是一个双向沟通的过程。任何一项工作、一个步骤的完成都需要通过沟通来实现，这充分体现了绩效管理以人为本的思想。这种沟通包括上下级的纵向沟通、平级间的横向沟通，是双向的、开放的。有效的沟通可以消除绩效管理工作的阻力，以及由于信息不对称造成的误解与抵制，从而达到资源共享、优势互补的效果。总之，及时有效的沟通既是绩效管理工作得以顺利开展的关键因素，同时也是绩效管理综合模型的重心，是该模型得以良性运转、循环的强力润滑剂。

三、模型的功能

一个有效的绩效管理模型，其功能是要将员工的活动与企业的战略目标紧密联系在一起，并且为组织对员工所做出的管理决策提供有效而且有用的信息支持，同时还要向员工提供有用的反馈，通过沟通进而激励员工。掌握了绩效管理综合模型五大功能的精髓，也就抓住了它的实质，它的五大功能分别如下：

第一，绩效管理综合模型最突出的功能就是对企业战略思想的体现，它将个人目标与整个企业的战略相融合，确保了一个共同的努力方向，并把企业的战略思想有效地转变为切实可行的具体行动。绩效管理综合模型明确了企业的战略目标，并逐级将这些目标量化、具体化，然后将员工的绩效努力与企业的目标联系起来，确保组织战略的实现。

第二，绩效管理综合模型可以有效提升企业对各项工作的管理功能。绩效管理提供的信息对组织的多项管理都起到积极的辅助作用。企业通过对员工绩效进行管理，以获得相关信息，据此制定相应的决策与措施；绩效管理也有利于薪酬管理工作的开展；良好的绩效管理氛围对企业文化的建设与管理也会起到显著的促进作用。

第三，绩效管理综合模型的另一个重要功能是开发员工的潜能，使他们能够更有效地完成工作。该功能通过对员工进行相关的培训来实现。绩效管理还是开发人力资源的重要手段。管理者与员工进行必要的绩效面谈，从而对员工今后的发展提出建议，并与员工达成一致意见，制订员工个人发展计划，进一步提高员工绩效。

第四，沟通功能体现在整个模型的全过程中，任何一个步骤的完成都将依赖于组织有效的沟通。目标的制定与完成都需要上下级的沟通；员工工作产出和工作职能的确定同样需要得到员工的认可；定性与定量指标以及相应标准、内容的设置也是管理者与员工双方共同作用的结果；考核完毕需要进行绩效面谈，管理者与员工双方达成统一意见等，这所有的一切都体现出该模型沟通功能的重要性。

第五，绩效管理综合模型强调对员工的组织贡献进行评估，充分体现了其激励功能。企业需要评判出杰出的绩效人员，对他们进行相应的嘉奖，强化其已有的正确行为；查找出绩效较差的人员，进行培训辅导，使他们尽快弥补不足，使其个人能力得以发挥。

对员工的准确、公平的评价就是对员工最大的激励。另外，加薪、晋升等也是激励的表现方式。企业还根据员工的优缺点通过面谈的形式与员工一起制定个人职业发展规划，激励员工发挥聪明才干。

绩效管理作为企业人力资源开发和管理的有效手段和基础环节，在整个人力资源管理过程中，承担着具体的落地任务，在人力资源管理中处于核心地位，对企业的发展有着决定性的影响。必须从我国企业的实际出发，有针对性地研究绩效管理的方法并进行整合和优化，形成一套全面、系统的体系，使绩效管理与企业目标紧密结合，只有这样才能提高绩效管理的成效，使我国的企业在激烈的竞争环境下求得稳定和发展。绩效管理综合模型的建立，帮助企业走出绩效考核的误区；激励员工的积极性和创造性，促进员工与企业共同发展；促使企业在实施绩效管理时既关注结果又重视过程，既关注短期利益，又注重企业的长远发展；促进绩效管理与战略管理有机结合，保证组织目标的实现。总之，绩效管理综合模型的建立为企业有效地实施绩效管理提供了具体思路和方法指导。

第二节 财务共享服务中心绩效管理存在的问题

一、绩效管理目标不明确

目前，国内企业的财务共享服务模式的应用仍处于起步阶段，缺少经验性的指导并且试运行的时间较短，还未能系统地总结出一套适合企业的财务共享服务模式，企业在运用财务共享服务模式中出现了较多的问题，进行绩效评价时遇到了一些挑战，如如何选取指标、如何设定权重等。现在多数企业在运用财务共享服务模式时，依然摆脱不了对传统绩效评价的依赖，甚至不能区分财务共享服务模式下的绩效管理目标和传统管理模式下的绩效目标，这样将会导致企业的绩效不能真实地反映企业的实际情况。因为缺乏指导性的相关理论，难以发现财务共享服务模式与企业战略的内在关系，企业不能够准确把握财务共享服务中心在企业中的作用和地位。因此，不能有效地区分和制定符合财务共享服务模式的绩效管理目标,容易导致绩效管理的方向和实施偏离企业的发展战略,不能充分体现财务共享服务中心的主要作用。财务共享服务模式在我国的发展历史还不长,很多管理者对财务共享服务模式缺乏准确认知和战略引导,虽然部分企业在导入这种新型管理模式后取得了不错的成效,但还有一部分企业对财务共享服务模式缺乏正确理解和理性思考,绩效管理目标很不明确。部分企业考核人员缺乏这方面的培训,往往容易忽视在财务共享服务模式下实行绩效管理的真正意义,加上企业本身在这方面匮乏理论和实践,企业绩效管理的目标变得更加不明确。

二、财务共享服务模式与绩效管理指标脱节

我国企业实施财务共享服务模式的历史较短,对于财务共享服务模式的理论研究还处于起步阶段,科学、完善的绩效管理指标体系还未建立。财务共享服务中心的建立充分体现了数据标准化和流程标准化的发展目标,但由于当前很多企业绩效管理指标与其财务共享服务模式不匹配,即使导入新的财务共享服务模式,有的企业仍然沿用传统的绩效考评方式对企业内部实行考核。实现财务共享服务模式的企业难以做到流程标准化,不规范和拖沓的流程反而会对企业自身的独立性产生影响。部分企业的绩效评价体系只是停留在对结果的考核上,对财务共享服务中心在客户满意程度、服务质量和财务绩效等方面的真实情况缺乏综合反映。由于没有考虑财务共享服务模式与传统绩效考核的不同特点,企业新的财务共享服务模式与其绩效管理指标脱节,绩效管理难以适应新模式下的新要求。

三、绩效管理信息综合度较低

财务共享服务模式需要处理大量繁杂重复的数据,而基于这些数据进行的绩效管理就显得尤为重要。然而,目前大量企业的考核者对这种新型的管理模式还不适应。财务共享服务中心的工作涉及面广,对财务人员的素质要求高,企业需要成熟有经验的会计利用财务数据进行预算和成本控制等,以更好地帮助管理者完成决策。成熟的财务共享服务模式通常需要具备完善的绩效管理系统,在日报、月报等定期报告和相关数据统计的支持下为企业提供完善的绩效数据支持。而目前财务共享服务中心的管理会计人员较

少,他们虽了解新型管理模式下绩效考核的特点,但在借鉴国外经验时只是照搬,并未根据企业自身的特点进行具体分析,导致绩效考核管理逐渐流于形式,绩效管理信息的综合度偏低。

四、现有绩效管理指标体系不匹配现有财务共享服务模式

国内企业在实施财务共享服务模式时,还是习惯使用传统的绩效考核方式。传统的绩效考核方式本身就存在许多的不足,如绩效管理的指标不全面、考核的结果并未考虑员工的长远发展和全面提升等。以往传统的绩效评价体系也未能全面反映各要素中的客户满意度、服务品质等情况。一些企业还使用传统的绩效考评方式对员工进行评价,极大地降低了财务共享服务中心的实用性。并且,财务共享服务中心建立后,企业的组织结构发生了一些变动,但没有及时更新绩效管理的方式,原有的绩效管理指标体系不适用。企业没有考虑财务共享服务模式的特殊性,而制定与财务战略一致的绩效管理模式,导致该模式不能很好地满足企业现在发展的需求,极大程度地降低了财务共享服务中心的有效性。

五、财务共享服务模式下绩效考核措施不完善

企业的绩效评估一般都按年度来考核,少数企业会按季度进行考核。正因为考核周期较长,有些管理者就会按照员工最后考核期内的表现来评价员工的工作情况,这样的方式会导致评估不够客观公正,使员工感觉到不公平,容易挫伤员工的积极性和主动性。同时,管理者考核后的侧重点是放在考核结果上,以考核结果作为对员工奖惩的依据,评估过程不够严谨,评估结果又不够具有代表性,使得绩效考核目标失去了意义。并且,多数企业在建立财务共享服务中心后,并没有及时制定相适应的绩效考核标准,导致员工不能明确绩效评价的作用,企业也无法及时了解到员工的最新想法,使员工和企业之间的交流存在阻碍。因此,不考虑员工的内在需求和工作性质,使员工感到不公平,工作效率降低,这样的绩效管理具有滞后性。

六、缺乏与财务共享服务模式绩效管理相通的信息管理平台

财务共享服务中心的主要作用就是将大量且重复性的数据进行统一梳理，那么企业针对这些数据整合而进行的绩效管理就起着巨大的作用。较为完善的财务共享服务中心都会具备功能齐全的绩效管理信息系统，定期向企业发送综合的绩效数据，使企业能够及时发现问题和解决问题。当前企业更多的是关注母公司的财务状况，还未能随时及时了解子公司的情况，数据信息传达的力度不够，不能及时有效传达前端的最新财务状况，企业得到的信息较为分散，信息的整合度不够高，企业缺乏统一梳理数据信息的平台。可见，基于财务共享服务模式，企业的信息系统建设还不够充分，不能全面有效地整合和利用绩效管理信息，这将会成为企业使用财务共享服务中心的核心问题。

第三节 财务共享过程中加强绩效管理的相关建议

一、转变理念，合理制定管理目标

企业应当充分认识财务共享服务的重要性，转变传统的财务共享服务理念，需加强对企业员工的培训，使其掌握财务共享服务模式的相关内容，深入理解财务共享服务模式的要求，提升业务水平。要加强企业各层级、各部门之间的交流与沟通，促进企业员工之间的交流与合作，全面把握企业财务共享服务模式的内容，并于企业经营过程中积极推广。

在企业实施财务共享服务模式之下，需要制定与之相适宜的绩效管理制度，并且根据企业的实际情况和发展需求，明确制定绩效管理目标应当遵循的原则：

第一，所制定的绩效管理目标应当遵循战略导向原则，即绩效管理目标需突出企业的战略发展要求，与企业未来发展策略保持同一方向。

第二，要遵循全局化原则，即企业绩效管理目标的制定要立足于企业的整体经营水

平及发展现状，基于财务共享服务水平来确定可行的目标。

  第三，要遵循可驱动性原则，即所制定的企业绩效管理目标要具有可行性，起到激励和驱动员工的作用。例如，在建筑企业中，应当对建筑管理人员、施工人员等设立绩效考核制度，根据岗位的不同来制定相应的绩效考核指标，达到要求的可予以奖励，未满足绩效要求的则要予以督促和警示。

  第四，所制定的绩效管理目标既要符合实际，又要具有一定的挑战性，让企业员工朝着此目标共同奋斗。可将企业利益与员工个人利益相挂钩，以激发企业员工的工作动力，转变其被动的工作状态，使其全身心投入于工作之中。

二、建立健全企业绩效考核评价体系

  为了使企业绩效管理目标与财务共享服务模式保持一致性，应当优化企业绩效考核评价方式，建立健全企业绩效考核评价体系，选择合适的绩效指标，结合企业的实际情况，综合考虑各方因素，利用适宜的方式或工具，来提高绩效考核指标的科学性，解决其中存在的问题。比如，在企业绩效管理过程中，可以充分发挥平衡计分卡的作用，既要重视当前企业的绩效管理现状，又要从长远的角度去思考企业未来的发展，应用现代绩效管理手段，将短期管理目标和长期发展目标相结合，以使绩效管理工作更加科学。采用量化指标来反映和评估企业的未来发展状况。

  当前所使用的平衡计分卡，包含了四个方面的内容：一是财务维度，这部分主要考察企业的战略执行状况，反映企业现阶段的财务情况，从营业收入、资本报酬率等方面来衡量企业当前的财务实况；二是客户维度，这部分主要衡量企业目标客户的满意度、回头率、盈利率等方面，考察的是企业的目标客户市场状况；三是企业内部流程维度，这部分的作用在于细化企业的目标市场，优化企业内部管理流程；四是学习创新维度，这部分是对企业未来成长及其内部竞争力的评估，如可以要求每一个建筑施工小组定期开展学习和培训工作，了解当前最新的建筑理论资讯，掌握最新的施工技术，促使施工人员不断地完善自身的技能。在实施企业绩效管理工作的时候，应当充分发挥平衡计分卡的作用，从四个维度来衡量企业当前的发展状况，将其与企业发展战略目标相结合。

三、制定完善的绩效考核制度

在财务共享服务模式下,实施企业绩效管理工作,应当制定完善的绩效考核制度,通过严格的考核来强化员工对绩效管理工作的重视,激发企业员工的潜能,使其能够积极参与到企业绩效管理工作中。财务共享服务模式的实施,要求企业开展科学而有效的企业管理工作,以保障企业的稳定运行,培养更多优秀的企业人才。为此,可从以下三个方面完善绩效考核制度:

第一,要重视企业绩效管理工作的前期管理,深入企业基层中去,加强与基层员工的交流,了解基层员工内心真实的想法,并且发现其在生活中、工作中遇到的困难,予以其针对性帮助,以便于提升员工的忠诚度,使其在企业中找到归属感和满足感,增强企业内部凝聚力。例如,在建筑企业中,实施建筑项目的时候,可以为工作人员创造良好的施工环境、提供舒适的住宿条件等。

第二,在财务共享服务模式下,应当制订科学的绩效管理计划。在前期,要采集相关的数据和资料,于企业中加大绩效管理力度,通过现代科学技术来分析所采集的数据,以得出相应的结论,制订与企业战略相一致的绩效管理计划和目标。

第三,制定完善的绩效考核制度,使用平衡计分卡的同时,将其与企业员工的薪资待遇相挂钩,以充分发挥企业员工的主观能动性,设立科学的激励机制,定期组织绩效考核,做出客观评估。

四、充分利用现代科学技术

在财务共享服务模式下,实施企业绩效管理工作,应当做到与时俱进,充分发挥现代科学技术的作用,基于计算机信息技术,制定完善的绩效管理信息系统,以保障绩效考核评价工作的顺利开展。所创建的绩效考核信息平台要与财务共享服务中心相结合,两者之间的后台应当保持相同。可创建 IT 平台,完成大量的数据信息处理工作,实现信息数据处理的自动化,减轻绩效管理人员的基础工作量,使其将更多的精力投放于绩效管理设计方面,实时监测企业绩效管理考核状况,提高企业人力资源利用率。

财务共享服务中心往往会出现大量的业务处理信息数据,为了保障财务共享服务中心绩效管理体系的有效性,应当积极地应用现代科学技术,如 IT 系统就是相关工作人员可以借助的有效手段，能够确保绩效考评的有效性。当财务共享服务中心设计好相关的绩效考核标准之后，应当建立相应的绩效考核系统来保障绩效考核制度能够顺利实行。同时要注重数据挖掘技术的应用，业务单据的处理信息、投诉信息和实效信息等应当从会计核算系统、档案管理系统和业务受理系统中进行提取，通过相应的有效统计手段来对这些数据信息进行分析，对于考核对象之间的异常和变动的互相关系进行全过程的监控，及时发现其中的问题，进而促使相关部门进行及时的修正处理。最后，利用IT技术开展的绩效考核工作，能够更加直观、明显地显示出绩效考核的成效，为绩效考核结果与薪资体系的关联提供巨大的帮助，真正实现财务共享服务中心绩效考核的动态化、实时化。

五、企业对自身的绩效管理及评估目标进行明确

企业强化工作人员对财务共享服务模式的认识是企业设立合理的绩效管理及评估目标的先决条件。因此，企业对于财务共享服务模式的宣传力度应当进一步强化，注重对企业工作人员的培训，并对企业工作人员财务共享服务模式基本知识的掌握程度进行考核，最大程度减少由于工作人员操作失误带来损失的可能性。要以财务共享服务模式为基础，设立明确的绩效管理及评估目标，科学地设立服务目标、收益目标和成本目标等。同时对这些目标进行逐级划分，每个工作岗位上的员工都设立一定的工作目标，将企业上下充分协调起来，促使员工建立良好的责任意识。

六、健全绩效管理及评估制度

企业绩效考核结果能够实时地反映出企业的实际工作情况，是真正发挥绩效管理工作能效的必要手段。因此，企业应当切实落实好绩效考核的前期工作，让员工之间充分地了解与互动。企业要关注员工的工作情况，不断完善绩效考核制度的实效性。要顺利地开展绩效工作，企业还应当建立起一支优秀的绩效考核队伍，绩效考核应当与薪资相关联，进而增强绩效考核的约束性。

七、建立有效的绩效沟通机制

希望员工与组织能够正视自身的工作绩效是开展绩效管理工作的根本目标，通过有效的绩效管理来完善以往工作中存在不足的地方，同时在此基础上对企业的未来发展进行规划。我们应当意识到，绩效管理并不仅仅是依据几个数据对员工及组织的工作质量进行打分，通过评分给予员工相应的物质奖励，这种绩效管理工作难以发挥财务共享服务中心绩效管理的根本作用，对于员工精神层面的激励难以达成。因此，企业要进行有效的绩效管理工作，应当积极地对绩效沟通机制流程进行明确，并建立一定的反馈机制，确保每一个员工都能够明白自身工作的流程以及自身负责岗位的责任，员工之间及时进行帮助，使彼此之间的沟通了解更加有效。这样不仅能够使员工对企业的满意度得到提升，更能够强化员工的工作积极性和服务意识。而财务共享服务中心绩效沟通机制的建立还应当从以下两个方面进行：

第一，要进行合理的绩效计划沟通，这是绩效管理工作的初期阶段。企业管理层应当就企业本期内绩效计划的内容、目标以及实现目标的方式与措施进行充分的沟通，确立企业整个绩效管理工作的目标和后续的阶段性任务。通过良好的绩效计划沟通能够为员工的行为进行有效的引导，同时将员工自身的潜力充分地发挥出来。

第二，绩效指导沟通，这是在企业整个绩效管理工作中最重要的一个阶段。绩效指导沟通应当以企业不同阶段员工的表现为基础，切实改善上级对下属的技能培训、技术应用、操作方式与流程、工作质量和思想认识等方面的问题。

第八章 财务共享服务中心风险管理

第一节 财务共享服务中心建立风险管理的必要性

　　随着我国社会主义市场经济体制的建立与完善，企业经营的内外环境发生了深刻变化。由于市场竞争和优胜劣汰机制的作用，企业在经营活动中不断面临新矛盾、新问题。伴随着知识经济、信息经济和经济全球化的发展，国外企业逐步进入国内市场，国内市场的竞争将更加激烈，企业面临的风险将更加严峻，企业的财务活动将不可避免地遇到财务风险。

　　财务共享服务中心项目的建设是我国社会发展的重要需求。进入21世纪以来，互联网技术和大数据技术的快速普及和创新，对现代企业的经营发展产生了重要影响，在一定程度上促进了企业产业结构的优化升级，也在财务管理方面发挥了重要作用。通过财务共享服务中心项目可以集中整合财务资源，为企业决策提供更准确、可靠的支持。同时，财务共享服务中心项目也是当前我国企业的内部财务管理发展需求，很多企业在内部财务管理中都存在财务人员配备不足、对财务管理和控制能力较低的情况，通过财务共享服务中心项目建设可以提高整体财务管理水平，增强财务信息的透明度和质量。一方面，企业内部财务的监管手段相对单一，且大多偏向事后管理，对财务风险的控制能力较差，基于财务共享服务中心项目可以有效地识别和杜绝经营风险，提高监管实效性；另一方面，现代企业在发展过程中，对财务人员的专业素质提出了更高的要求，为缓解工作人员的压力和工作量，财务共享服务中心可以帮助财务人员提高信息传递效率，有效整合财务资源，充分发挥财务管理在企业发展中的实际作用，支撑企业开展各项业务活动。

　　财务共享服务中心是近年来出现的会计报告业务管理模式，指的是企业集中管理下属分支机构的财务核算和资金管理,实现财务核算与结算的规模化、流程化,以提高财务管理效率,降低企业成本。财务共享服务中心一般设立在企业财务部,承担了各分支机构大多基础财务业务,包括费用报销、采购到付款、订单到收款、存货到成本,以及总账到报表等财务流程。

财务共享服务中心建立风险管理,有利于企业将业务流程、管理制度统一化、标准化,增强企业各分支机构报表的一致性、可比性,提高财报信息质量;有利于提升企业对各分支机构会计核算的管控能力,降低人为舞弊机会;有利于企业整合财务资源,减少重复琐碎的工作,提供专业的财税指导,提高工作效率。

第二节 财务共享服务中心建成后面临的风险类型

一、组织结构风险

财务共享服务中心的实施改变了传统模式下财务核算等财务管理工作分散的状态,将整个企业的财务管理职能独立并整合成一个机构。这种全新的管理模式引发了职能上的重新划分、机构上的整合调整,而在此过程中,难以避免地会产生组织结构风险。例如,制度制定风险。财务共享服务中心设立之后,相关管理制度必然要随之而变,以便明确各部门职责、权限等,但对于如何准确划分和界定财务共享服务中心与下属单位的权利和义务存在一定困难,各个机构存在对于工作过程中的制度依据不明晰,一旦产生问题就容易出现推诿等情况;内部冲突风险。财务共享服务模式的采用强化了企业总部对下属单位的财务管控力度,下属单位的财务管理自主权则被削弱,下属单位对此种管控模式的不熟悉会导致风险的发生,甚至会因此产生抵触情绪。

二、流程变更风险

财务共享服务中心的实施在本质上改变了企业的财务工作流程，使其由原来的以财务部门为中心转变为以企业总部为中心，财务管理工作上行，财务管理的流程趋于统一化、标准化，这使得企业的财务管理流程出现了较大改变，而这种改变极易带来相关风险。例如，新流程设计不合理产生的风险。企业针对财务共享服务模式设计的工作流程是在参考国家政策规定、借鉴其他企业经验，并结合自身实际的基础上制定的，虽尽可能将之完善，但作为一种全新的管理模式，在应用过程中难免会出现不适应的情况或需要优化的地方，而这就是风险产生的原因；新流程执行不力的风险。企业各个下属单位的财务管理存在差异化的情况，在标准化的管理流程下，极容易出现执行不到位或执行遭遇诸多阻碍的情况，引发管理风险。

三、人员变更风险

财务共享服务模式下，财务管理工作进一步细化，管理会计和财务会计实现分离，管理会计的重要性显著提高，财务人员的工作岗位、内容和能力等都有了新的变化，而这也难免会触发一些管理风险。例如，工作内容改变的风险。细化后的工作内容较为单一和枯燥，整天面对单纯的财务数据，财务人员极易产生厌倦情绪，从而影响工作质量；工作能力要求改变带来的风险。在财务共享服务模式下，企业更加需要管理类会计，这就意味着财务人员必须尽快实现转型，提升自己的战略管理思维和能力，而在整个转型发展过程中，财务人员的能力和素质是存在很大不确定性的，可能会影响工作的正常开展；财务人员流失的风险。财务工作的进一步细化在一定程度上阻碍了工作人员对财务工作的系统化认知，不利于其财务工作体系的构建，这有可能导致财务人员的流失。

现有企业中，大约80%的财务人员从事核算工作，其余20%的财务人员从事财务增值工作。建立财务共享服务中心后，岗位设置产生较大变化，人员结构随之大幅调整。财务共享服务模式下，大量简单重复的核算工作由财务系统完成，财务人员更多地从事信息采集、数据分析等偏管理性的工作，其能否顺利转型将是一个巨大的挑战。对个体员工来说，仍有部分被分流至财务共享服务中心从事最简单的操作工作，他们只熟悉部分工作领域，对整体工作无从下手，能力得不到体现，看不到职业发展前景，惰性增加。

有的员工本身惯性思维明显，提升自身素质的个人意愿不够强烈，人员流动风险增大，一旦转型失败，便会出现人才流失。为了弥补岗位空缺，又需招聘相应人员，继而发生招聘、选用、培训、使用等成本费用。企业为了稳定人员、控制成本费用，也会选择用普通财务人员从事高技术岗位工作，导致人员不匹配风险加大。顺利完成人员转型的企业，也面临绩效评价体系和激励机制失效的风险，人员工作积极性和潜能无法调动出来。

四、信息系统的风险

财务共享服务模式的实施依赖于信息系统的完善，需要通过信息系统实现连接各个单位、获取所需信息的目的，因而管理风险的产生也必然会与信息系统有所关联。例如，信息系统不合适的风险，一是新引进的财务共享服务中心系统与企业自有系统之间的契合度不够，有些功能难以实现准确对接，甚至会出现信息丢失的情况；二是新系统在设计过程中忽略了各分支机构的个性化需求，导致在运行过程中分支机构的某些信息难以在新系统中找到精确归属并进行传递；信息系统不安全的风险，既有可能是系统自身稳定性不足等带来的安全风险，也有可能是网络攻击等带来的安全风险。

财务共享服务中心的运营需要建立在流畅的信息系统基础上，信息系统的设计及与其他业务系统的协同程度对财务共享服务中心的效率和效果有重大影响。建立财务共享服务中心前，大多分支机构都是根据自身实际情况建立和调整信息系统，有的机构存在界面不友好、报表明细不完整或逻辑不清晰等问题；有的企业会计信息服务仅覆盖较大的分支机构，对于较小的会计单元则不能兼顾处理；有的支撑性信息源较为分散，对业务最前端的数据信息的服务能力较弱；有的系统平台对新系统的接入没有兼容性等。建立财务共享服务中心后，统一的数据接口对多数企业是一项大的挑战。另外，有的财务共享服务中心系统平台建设考虑不周，设计不合理，直接导致系统平台信息化程度较低、整合度不高，系统中人员权限设置不合理或缺乏有效的设置路径，人员工作交流衔接不畅，信息传递不及时等问题，严重影响企业整体沟通效果和运营效率。

第三节 财务共享服务中心风险控制对策

一、健全组织架构

财务共享服务模式下,企业防范风险的首要措施就是健全组织架构,这是因为,所有财务管理工作的开展都是在一定的组织架构下进行的,架构的不完善将会从基础上对新模式的运行产生不利影响。鉴于此,首先要明确界定财务共享服务中心、企业财务部、下属单位财务部的隶属关系,明确财务共享服务中心定位。财务共享服务中心与企业财务部或是平级关系,或是隶属关系,二者各有优缺点。处于行政平级的财务共享服务中心在推进工作时,汇报层级相对较少,汇报效率高;处于下设单位的财务共享服务中心在推行有关政策时,和下属单位财务部同属于执行部门,沟通壁垒较小,但却容易沦为企业财务部的附属部门。因此企业应根据自身实际情况和需求确定合适的隶属关系,并下发详细的制度规定。其次,对于财务共享服务中心、下属单位财务部等的职能划分、部门职责需要有明确界定,并形成制度,既要严格规定下属单位需要上行的财务管理职责,又要给予其一定的管理灵活性,以此降低下属单位对新模式的抵触情绪。

二、优化管理流程

流程的优化是提高管理效率的有效途径。企业要防范管理风险,实现财务共享服务中心管理模式的顺利推行,必然要进行流程优化。首先,要统一关键流程标准,这是因为,企业下属单位的财务管理都是与其自身实际相适应的,它们在业务规模、经营能力等方面的不同导致其财务管理存在较大差异,若是忽略实际情况制定过于理想化的管理流程,会严重影响执行效果。因此,要明确财务管理过程中的关键环节,如财务管理中不可替代的环节、易于发生风险的环节等,新旧流程中出现差异的地方也必须予以重点关注。针对关键流程,结合下属单位实际情况制定统一标准,作为财务共享服务模式的推行依据。其次,可以实行流程动态优化机制,即除关键流程标准不予更改外,新模式下的其他流程可以在实施过程中进行适当调整，如调整某些流程的先后顺序、增减流程、特事特办流程等，以所有流程都能促进财务共享服务模式的推进为制定原则，使其更加符合企业发展需求，从而在一定程度上避免新流程设计不合理带来的风险。

三、重视人才培养

财务人员能力需求的变动是财务共享服务中心成立所带来的较为显著的变化。毕竟员工岗位和能力不匹配、人员流失等是企业最不想发生的情况，也是最容易产生风险甚至是影响企业根基的方面。因此，必须重视人才培养。一方面，企业需要为员工制定科学的发展规划，提供丰富的晋升通道。例如，财务共享服务中心的建立导致了管理会计与财务会计的分离，下属单位的财务人员需要向管理会计转变，这种转型在需要员工本身具有能力支撑之外，还需要企业提供相应的岗位培训，通过课堂讲授、情景模拟、案例分析等方式培养财务人员的管理思维和能力，提升管理会计所需技能，帮助财务人员更快更好地适应新模式下的岗位要求；对于培训后能力依然达不到管理会计要求的财务人员，企业可以在考虑其意见的基础上对之进行适当的岗位变动，以提高人岗匹配度。另一方面，相关岗位职责和内容的变化会在一定程度上降低财务人员工作的热情，因而企业需要采取差异化的管理方式，通过提高员工参与度增强其岗位认同感，降低抵触情绪。例如，针对财务共享服务中心的岗位内容比较枯燥的情况，企业可以开展岗位经验交流会等，丰富工作内容。

四、强化信息系统管理

信息系统管理是财务共享服务中心风险管理的关键部分，关乎新模式的执行效果。为强化信息系统管理，一方面，需要在引入的基础信息系统的基础上完善功能板块，如企业需要对新系统进行适应性调整，即根据原有系统的程序设置、板块划分等情况调整新信息系统的软件编写等，利用自有技术实现新旧系统的高度契合；也可以在确保新模式实施大方向不变的情况下，根据各个下属单位的个性化需求进行相应系统的调整，以便满足实际工作需要，也能够在一定程度上降低下属单位的工作难度，减轻员工的抵触情绪。另一方面，企业需要重视信息系统的安全管理，避免因系统不完善而出现的信息丢失的情况，还需要强化对外来风险的抵御。毕竟将所有财务信息存于系统之后，网络就成了新的竞争战场，为避免财务信息从信息系统中泄露或系统被成功攻击，企业必须提高系统的防御力，可以采取加强防火墙设置、安装反攻击装置等方式。

五、战略规划风险管理

可以建立财务共享服务中心战略规划风险管理小组，随时对企业风险进行预测和管理，并提高相关部门的地位。针对风险问题进行分析并提出解决措施，充分接受各部门的建议，形成上有政策下有执行的局面。

以战略目标为起点充分做好评估工作。根据企业整体资金流动实力安排建立的财务共享服务中心是总部财务部门的下属部门还是平级部门，需要进行严格的评估。如果评估的结果不能满足财务共享服务中心建立的要求，如企业规模过小、资金周转不灵的情况总发生，没有一个强大的专家团队，或经验充足的工作人员、技术人员业务水平不过关等，也可以考虑把企业财务工作外包出去。

六、组织管理变革风险管理对策

在划分机构职能时做到合理，同时不能松懈对前端会计的监督。财务共享会导致业务工作中的基本核算不受管理层面管辖，两者会产生分离，会计的出账记录和确认方式等形式都会转移到财务共享服务中心，管辖资金流和物资流的会计要被弱化，从而对各单位的实物资产流转情况、客户信用情况、负债形成情况等信息难以及时掌控。因此，对财务共享后的组织管理结构的划分与职能权力权限的分配要做到协调统一。从基础核算与管理层面之间的特点出发，结合企业前端会计的特点，对组织结构进行调整及职能划分，设立业务岗位，使财务共享能充分融合到业务中，提高工作效率，加大业务执行能力的有效性。

七、人员变革风险管理对策

(一) 加大宣传力度，降低人员抵触心理

在宣传财务共享的前期活动中，要兼顾工作人员的心理变化，同时跟进安抚工作，并不断地宣传改革理念。为避免人员变革风险的发生，要讲究方法和策略，时时沟通，展现企业以人为本、发展以人为先的思想。针对不同工作性质的人员分别进行沟通，鼓励积极性高的人员，以解决困惑和宣传为目的。

(二) 提高发展空间，留住人才

财务共享服务中心的技术人员和领导者，需要具有很高的素质能力，不仅对财务工作熟悉，还要了解业务工作。为培养和留住人才，加大其发展空间，可从外部招聘业务能力高的专业人员对其进行培训；实行定期轮岗培训，促进人才的全方位发展。

八、流程变革风险管理对策

对于流程中的关键部分，企业要格外注意。企业内部管理中可设置相互制约的审核办法，对审核人员的专业素质要有一定要求。流程问题在财务共享中起到关键作用，要在流程变革过程中持续加强管理和优化。

九、系统建设风险管理对策

在实施系统建设前，对当前系统的状况要充分评估，在没有达到成本效益前不能实施。对财务共享服务中心的系统建设，需要把握时机，能够为了全面建设并且顺利执行信息化管理做好前期准备，对财务共享服务中心主要的系统加强构建，然后再以全系统整合为基本点实施，这样做能够确保系统正常运行。按实际情况采用"分批上线、顺序突破"的方法，有能力可以扩张时，可加强财务共享之间的内部控制和系统关联间的融合，以防范外界干扰和入侵，保证系统有效运转。

参 考 文 献

[1]王兴山.数字化转型中的财务共享[M].北京：电子工业出版社，2018.

[2]张庆龙，潘丽靖，张羽瑶.财务转型始于共享服务[M].北京：中国财政经济出版社，2015.

[3]张庆龙，董皓，潘丽靖.财务转型大趋势：基于财务共享与司库的认知[M].北京：电子工业出版社，2018.

[4]陈婧超.财务共享与会计转型[M].北京：新华出版社，2021.

[5]田高良.财务共享理论与实务[M].北京：高等教育出版社，2020.

[6]徐志敏，邵雅丽.云计算背景下的财务共享中心建设研究[M].长春：吉林人民出版社，2019.

[7]李瑞.数字经济建设与发展研究[M].北京：中国原子能出版社，2022.

[8]陈剑，梅震.构建财务共享服务中心：管理咨询→系统落地→运营提升[M].北京：清华大学出版社，2017.

[9]高航，俞学劢，王毛路.区块链与人工智能：数字经济新时代[M].北京：电子工业出版社，2018.

[10]刘赛，刘小海.智能时代财务管理转型研究[M].长春：吉林人民出版社，2020.

[11]陆虎，孙彦从.财务共享服务[M].北京：中国财政经济出版社，2014.

[12]石贵泉，宋国荣.智能财务共享[M].北京：高等教育出版社，2021.

[13]丁勇.区块链与人工智能的应用与发展路径研究[M].北京：中国原子能出版社，2021.

[14]张庆龙，聂兴凯，潘丽靖.中国财务共享服务中心典型案例[M].北京：电子工业出版社，2016.

[15]张一兰.智能财务时代[M].长春：吉林大学出版社，2020.